IL LIBRO COMPLETO DI STREET FOOD

100 GUSTI DALLE STRADE DEL MONDO

MONA DE LUCA

Tutti i diritti riservati.

Disclaimer

Le informazioni contenute in questo eBook intendono servire come una raccolta completa di strategie su cui l'autore di questo eBook ha svolto ricerche. Riassunti, strategie, suggerimenti e trucchi sono solo raccomandazioni dell'autore e la lettura di questo eBook non garantisce che i propri risultati rispecchino esattamente i risultati dell'autore. L'autore dell'eBook ha compiuto ogni ragionevole sforzo per fornire informazioni aggiornate e accurate ai lettori dell'eBook. L'autore ei suoi associati non saranno ritenuti responsabili per eventuali errori o omissioni non intenzionali che potrebbero essere trovati. Il materiale contenuto nell'eBook può includere informazioni di terzi. I materiali di terze parti comprendono opinioni espresse dai loro proprietari. In quanto tale, l'autore dell'eBook non si assume alcuna responsabilità per materiale o opinioni di terzi.

L'eBook è copyright © 2021 con tutti i diritti riservati. È illegale ridistribuire, copiare o creare lavori derivati da questo eBook in tutto o in parte. Nessuna parte di questo rapporto può essere riprodotta o ritrasmessa in alcun modo riprodotta o ritrasmessa in qualsiasi forma senza l'autorizzazione scritta espressa e firmata dall'autore.

SOMMARIO

- SOMMARIO 4
- **INTRODUZIONE** 8
  - Cos'è il cibo di strada? 8
  - Le migliori città del mondo per il cibo di strada 9
- **COLAZIONE E BRUNCH** 10
  - 1. Frittelle Salate (Corea) 11
  - 2. Crepes (Francia) 14
  - 3. Congee (Hong Kong) 17
  - 4. Focaccia (Italia) 20
  - 5. Frittata di ostriche del Fujianese 24
  - 6. Grano & Farinata Di Carne (Iran) 27
  - 7. Okonomiyaki (Giappone) 30
  - 8. Farinata Di Miglio (Burkina Faso) 34
- **SPUNTINI E MORSI** 37
  - 9. La carne-Riempito Pasticcerias (Mongolia) 38
  - 10. Ciambelle Di Mele (Danimarca) 42
  - 11. Barbudos (Costa Rica) 46
  - 12. Pone manioca (Guyana) 49
  - 13. Causas (Perù) 52
  - 14. Chapli Kebab (Afghanistan) 55
  - 15. Corn Dogs (Stati Uniti) 58
  - 16. Felafel (Israele) 61
  - 17. Cong tu Bing (Cina) 64
  - 18. Gughni (India) 67
  - 19. Polpette (Tacchino) 70
  - 20. spiedini di pollo (Iran) 73
  - 21. pane di patate (Norvegia) 77

22. MASALA VADAI (SRI LANKA) 80
23. MOFONGO (PORTORICO) 84
24. MOMOS (NEPAL) 87
25. SPIEDINI DI MONTONE (ASIA CENTRALE) 90
26. NALISTNIKI (BIELORUSSIA) 93
27. OLIEBOLLEN (CIAMBELLE, OLANDA) 96
28. PAKORA (INDIA) 99
29. PAV BHAJI (INDIA) 102
30. PHOLOURIE (TRINIDAD) 106
31. POLLO PIRI-PIRI (MOZAMBICO) 109
32. PIROZHKI (RUSSIA) 112
33. POFESEN (AUSTRIA) 118
34. PUPUSA (EL SALVADOR) 121
35. SALSA CRIOLLA (ARGENTINA) 124
36. SEADAS O SEBADAS (ITALIA) 126
37. SHASHLYK (SPIEDINI DI CARNE ALLA GRIGLIA) 130
38. SOPAIPILLAS (FRITTELLE DI ZUCCA, CILE) 133
39. SOUVLAKI (GRECIA) 136
40. TACOS (MESSICO) 139
41. TAMALES (MESSICO) 142
42. KEBAB DI MANZO MACINATO (MAROCCO) 146
43. TEMPEH SATAY (THAILANDIA) 149
44. THIT HEO (VIETNAM) 152
45. TOSTADAS DE CHICHARO (MESSICO) 155
46. FRICASSÉE TUNISINA (TUNISIA) 158
47. TURON (FILIPPINE) 162
49. YELLOW MAN IRISH TOFFEE (IRLANDA) 169
50. BOULANEE (AFGHANISTAN) 172

PORTATA PRINCIPALE 176

51. CROCCANTE LONZA DI MAIALE (DANIMARCA) 177
52. POLLO ALLA KIEV (UCRAINA) 179
53. MANZO PLOV (BUKHARA, UZBEKISTAN) 183

54. FAGIOLI NERI (GUATEMALA) 187

55. Granchio al pepe nero (Singapore) 189
56. Channa bollita (Guyana) 192
57. Polpette Di Carne Fritte (Germania) 195
58. Zuppa Di Noodle Con Polpette Di Pesce (Hong Kong) 198
59. Zuppa Di Mais (Trinidad) 202
60. Dakkochi (Corea) 205
61. Pesce & Chips (Gran Bretagna) 208
62. Straccetti Di Pollo Fritto (Africano) 211
63. Frieten Met Maionese (Belgio) 215
64. Ful Meddames (Mash Egypt) 218
65. Irio (Kenya) 222
66. Pollo Kabirajio (India) 225
67. Nihari (stufato di manzo, Pakistan) 228
68. Nohutlu Pilav (Riso Pilaf, Tacchino) 232
69. Curry Di patate (India) 235
70. Riso e Fagioli (Belize) 237
71. Ris Graz (Riso Fritto, Burkina Faso) 240
72. Cardine Arrosto (Cambogia) 243

PANINI E IMPACCI 245

73. Sandwich Di Lonza di maiale (Danimarca) 246
74. Panino Di Pesce Piccante (Libano) 250
75. Zapiekanka (Polonia) 256
76. Panino Ripieno Di Pollo (Irlanda) 259
77. Burritos (Stati Uniti) 261
78. Shawarma Ghanam (Libano) 264

INSALATE E ZUPPE 268

79. Insalata Di Papaia Verde (Thailandia) 269
80. Insalata Di Papaia (Laos) 272
83. zuppa di noodle, Myanmar) 274
81. Zuppa Di Tagliatelle Di Manzo (Vietnam) 277
82. Zuppa Di Tagliatelle Di Manzo (Taiwan) 282

DOLCI **286**

   83. Aloo Pie (Trinidad) 287
   84. Galleggiante per torte (Australia)....................... 290
   85. Fiadu (Suriname) 294
   86. Fiskekaker (Torte Di Pesce, Norvegia) 299
   87. Kaiserschmarrn (gnocchi, Austria) 302
   88. Karantita Algerienne (Algeria) 305
   89. Kremówka Papieska (Polonia)................................. 309
   90. Pane in padella (Israele) 313
   91. Budino al latte (Libano) 316
   92. Budino di riso (Egitto)... 319
   93. Vetkoek (torte all'olio, Sud Africa) 322
   94. Wonton di maiale macinato (China) 326
   95. Arepas (Torta di mais, Venezuela)......................... 330

BEVANDE..**333**

   96. Bevanda al mais (Haiti) 334
   97. Ayran (bevanda allo yogurt, Turchia).................... 337
   98. Bevanda allo zenzero (Africa occidentale)............ 339
   99. Lassi (Yogurt dolce, India)...................................... 341
   100. Vino caldo dall'Alsazia (Francia) 343

CONCLUSIONE..**345**

INTRODUZIONE

Cos'è il cibo di strada?

Una definizione ordinaria del termine "cibo di strada" è un cibo preparato da un venditore e venduto da uno stand all'aperto, da un carrello, da un camion o forse da una bancarella del mercato. Il cibo servito è solitamente nelle categorie fast e snack food; cioè, preparato rapidamente con ingredienti preconfezionati e servito in modo tempestivo. Anche il cibo di strada viene solitamente consumato fuori mano, pensato per essere consumato sul posto o mentre si cammina.

Il cibo di strada ha definizioni e significati più ampi rispetto ai semplici snack consumati da persone in movimento. Il cibo di strada è commerciale perché prodotto da singoli imprenditori e venduto ai clienti. È cibo che appartiene a città e paesi, ovunque le persone si riuniscano per affari o addirittura per svago. Pertanto, i luoghi in cui vengono serviti questi cibi possono includere non solo le strade, ma anche mercati all'aperto e chiusi dove le persone vendono merci. Le piccole bancarelle nei mercati alimentari del Messico, chiamate fondas, ne sono un esempio. Altri luoghi includono aree di divertimento come carnevali, fiere e passerelle, eventi sportivi, stazioni di autobus e treni e scuole.

Le migliori città del mondo per il cibo di strada

1. Bangkok, Tailandia
2. Singapore
3. Penang, Malesia
4. Marrakech, Marocco
5. Palermo, Sicilia
6. Città di Ho Chi Minh, Vietnam
7. Istambul, Turchia
8. Città del Messico, Messico
9. Bruxelles, Belgio
10. Ambergris Caye, Belize (ceviche sulla spiaggia)

COLAZIONE E BRUNCH

1. Frittelle Salate (Corea)

Ingredienti:

- 1-1/2 tazze di fagioli mung gialli con la buccia
- 1 tazza di succo di kimchi
- 1/4 di tazza d'acqua
- 3/4 di tazza di kimchi tritato
- 1/2 tazza di germogli di soia
- 3 cipolle verdi affettate e tagliate a pezzi da 3 pollici
- 1 cucchiaio di aglio tritato
- 1 cucchiaio di zenzero tritato
- 1 cucchiaio di salsa di pesce
- 1 cucchiaio di olio di sesamo
- Olio da cucina

Salsa d'accompagnamento

- 1/2 tazza di salsa di soia
- 1/4 tazza di aceto di riso
- 1 cucchiaio di olio di sesamo
- 1/2 cucchiaino di gochucharu
- 1/4 cucchiaino di semi di sesamo
- 1 cipolla verde tritata

Indicazioni:

1. Mettere a bagno i fagioli mung in acqua per una notte. Metti i fagioli, il kimchi, il succo, l'acqua, l'aglio, lo zenzero, la salsa di pesce e l'olio di sesamo in un frullatore.

2. Frullare gli ingredienti fino a ottenere una pastella. Non frullare eccessivamente: la pastella deve risultare grossolana e un po' granulosa. Se è troppo denso, aggiungi un po' più d'acqua. Trasforma la pastella in una ciotola capiente e mescola il kimchi, i germogli di soia e le cipolle verdi. Versare la pastella in lotti su una padella calda e oliata.

3. Friggere su ogni lato fino a doratura e croccante. Mettere le frittelle su un tovagliolo di carta per assorbire l'olio in eccesso. Mangiare con la salsa di immersione.

2. Crepes (Francia)

Ingredienti:

- 1 tazza di farina
- 1 cucchiaino di zucchero bianco
- 1/4 di cucchiaino di sale
- 3 uova
- 2 tazze di latte
- 2 cucchiai di burro, sciolto

Indicazioni:

1. In una ciotola capiente setacciate insieme farina, zucchero e sale; accantonare.
2. In una ciotola capiente a parte, sbattere le uova e il latte con le fruste elettriche fino ad ottenere un composto liscio e leggermente spumoso.
3. Sbattere nella miscela di farina fino a che liscio.
4. Unire il burro fuso.
5. Riscalda una padella da sei a otto pollici leggermente unta o una padella per crepes a fuoco medio-alto.

6. Versare o versare la pastella sulla padella, utilizzando circa due cucchiai per ogni crepe.
7. Capovolgere e ruotare il fornello per stendere la pastella il più sottilmente possibile. Rosolare su entrambi i lati, togliere su un piatto e farcire o guarnire a piacere. Servire caldo.
8. Ne fa sei.

3. Congee (Hong Kong)

Ingredienti:

- 10 tazze di brodo di pollo
- 3 cucchiai di sherry semisecco
- 3 fette di zenzero, spesse circa 1/4 di pollice
- 3 cipolle verdi, solo la parte bianca, tagliate in modo lungo e schiacciate con la parte piatta di un coltello
- 1 tazza di riso a grani lunghi
- 1 petto di pollo, cotto e sminuzzato
- 4 cucchiai di zenzero tritato finemente
- 4 cucchiai di cipolle verdi tritate finemente
- 2 cucchiai di olio di sesamo

Indicazioni:

1. Versare il brodo di pollo in una padella capiente. Aggiungi lo sherry, lo zenzero e le cipolle verdi. Portare a bollore, abbassare la fiamma subito e cuocere a fuoco lento per 15 minuti.
2. Riportare il liquido a bollore e aggiungere il riso, quindi abbassare la

fiamma, cuocere a fuoco lento e mescolare spesso fino a quando il riso non sarà cotto e il composto avrà la consistenza della farina d'avena. Mescolare di tanto in tanto per circa due ore.
3. Lasciare riposare per circa 30 minuti per addensare.
4. Guarnire con petto di pollo, zenzero tritato, cipolle verdi tritate e olio di sesamo; servire.

5. Serve quattro.

4. Focaccia (Italia)

Ingredienti:

- 16 once di farina per tutti gli usi
- 4 once di semola (farina di grano duro)
- 1 confezione di lievito secco
- 2 cucchiaini di zucchero
- 2 cucchiaini di sale
- 2 tazze di acqua calda (105-110°F)
- 1/2 tazza di olio extravergine di oliva

Condimenti

- Una lattina da 14 once di pomodori
- 2-3 cucchiaini di origano essiccato
- 2 cucchiai di capperi
- 1/2 olive verdi o posteriori (facoltative, ma altamente consigliate)

Indicazioni:

1. Preriscaldare il forno a 400°F

2. In una ciotola capiente, unire la farina, il lievito, lo zucchero e il sale e mescolare bene. Aggiungere lentamente l'acqua e iniziare a mescolare con le mani, rompendo

eventuali grumi. Quando l'impasto sarà liscio (dovrà risultare quasi liquido), copritelo con un asciugamano (e una coperta calda se la stanza è fresca) e lasciatelo lievitare per 1-1/2 ora in un luogo tiepido. L'impasto deve raddoppiare di volume e presentare delle bolle a fine lievitazione. Se volete una focaccia più densa, lasciate lievitare l'impasto per un'altra 1/2 ora.

3. Preparare tre teglie da 9 pollici o una teglia da 17 × 13 pollici. Spalmare l'olio d'oliva sul fondo e sui lati delle teglie, senza lasciare punti asciutti.

4. Versare nella teglia la pasta della focaccia e stenderla uniformemente. Stendete i pomodorini in scatola sulla superficie dell'impasto, spolverate con origano e capperi (e olive, a piacere). Cospargete di sale marino e irrorate con un po' di olio d'oliva.

5. Cuocere in forno preriscaldato per 45 minuti.

6. Serve 12-16.

5. Frittata di ostriche del Fujianese

Ingredienti:

- 1 dozzina di piccole ostriche, sgusciate, circa 10-12 once
- 2 uova sbattute
- 2 cucchiai di farina di patate dolci
- 1/4 di tazza d'acqua
- Coriandolo e cipolle verdi tritate finemente
- Sale pepe
- 2 cucchiai di strutto o olio per friggere

Indicazioni:

1. In una ciotola capiente fare una pastella sottile con la fecola di patate dolci e l'acqua. Assicurati che la farina sia completamente sciolta.
2. Scaldare la padella per affumicare. Ricoprire la superficie della padella con strutto o olio.
3. Versare la pastella di patate dolci. Quando sarà quasi completamente rappresa ma ancora bagnata sopra, versate le uova sbattute con sale e pepe.

4. Quando la parte inferiore della frittata in crosta di amido è dorata e l'uovo sbattuto è a metà rassodato, spezzettare la frittata con una spatola. Spingili da parte.
5. Aggiungere le ostriche, le cipolle verdi e il coriandolo e saltare in padella per 1/2 minuti. Piegare e condire con l'uovo.
6. Servire con salsa piccante o salsa di peperoncino dolce (tian la jiang) a scelta.
7. Serve due.

6. Grano & Farinata Di Carne (Iran)

Ingredienti:

- 1 libbra di spalla e schiena d'agnello
- 2 once di ceci secchi
- 4 once di chicchi di grano essiccato (il grano rosso è buono)
- 2 cipolle medie
- 3 cucchiai di olio vegetale
- 1/2 cucchiaino di curcuma
- Decorazione: zucchero a velo, cannella in polvere e burro fuso a piacere

Indicazioni:

1. Lavare e sciacquare separatamente il grano e i ceci e metterli a bagno in acqua fredda per una notte.
2. Il giorno dopo mondate i piselli e il grano.
3. Lavate e asciugate la carne e tagliatela a tocchetti.
4. Mondate e tagliate le cipolle in sei pezzi.
5. Scaldare l'olio in una padella di media grandezza e soffriggere le cipolle fino a renderle traslucide.

6. Unire la curcuma e aggiungere i pezzi di carne. Mescolare bene per sigillare la carne su tutti i lati.

7. Scolate e aggiungete i ceci alla carne e mescolate bene. Versare mezzo litro d'acqua o brodo nella pentola e portare a bollore. Condire a piacere.

8. Abbassate la fiamma e lasciate cuocere fino a quando la carne non sarà quasi cotta. Setacciare e aggiungere il grano al composto e lasciare cuocere a fuoco lento fino a quando tutti gli ingredienti sono ben cotti. Aggiungere acqua se necessario e mescolare spesso durante la cottura.

9. Una volta cotta, versate il composto in una pentola e battete con l'estremità piatta di un batticarne fino a quando la carne non viene sminuzzata e si ottiene una consistenza appiccicosa simile a un porridge. Se il composto è più sciolto del porridge, versatelo nuovamente nella padella e rimettete a fuoco basso. Mescolare continuamente fino

a quando non sarà più denso e aggiungere lo zucchero a velo a piacere.

10. Versare in ciotole individuali. Guarnire con una spolverata di cannella e zucchero a velo e una noce di burro prima di servire.

11. Serve quattro.

7. Okonomiyaki (Giappone)

Ingredienti:

Il Pancake

- 2 once di farina per tutti gli usi più un pizzico di sale
- 5 uova
- 1 piccolo cavolo cappuccio bianco, tritato finemente
- Il Katsuobushi si sfalda a piacere
- 6 once di manzo o maiale a fette sottili, tagliate a scaglie o 3 once di calamari, tagliati a strisce
- 1 cucchiaio di olio da cucina, per friggere

Indicazioni:

1. Mescolare tutti gli ingredienti in una ciotola, aggiungere un po' d'acqua se il composto è troppo denso da stendere e formare una frittella grande o più piccole.
2. Scaldare l'olio, in una padella capiente a fuoco basso. Aggiungere il pancake e cuocere lentamente rigirando quando un lato è pronto per cuocere l'altro.

3. Quando la frittella è ben cotta, adagiatela su un piatto e spennellatela con la salsa, quindi cospargetela di aonori (fiocchi di alghe essiccate), tagliatela a bocconi e mangiatela con le bacchette.

8. Farinata Di Miglio (Burkina Faso)

Ingredienti:

- 1 tazza di miglio
- 2 tazze d'acqua

Indicazioni:

1. Mettere a bagno il miglio per quattro giorni, quindi scolare e lavare. Macinalo in una pasta in un mortaio o un robot da cucina.
2. Riscaldare le due tazze d'acqua in un contenitore coperto (pentola) fino a quando non saranno calde. Aggiungere la pasta di miglio all'acqua tiepida e mescolare continuamente per evitare la formazione di grumi, fino al punto di ebollizione. Lascia bollire la miscela per 10-15 minuti. Aggiungere altra pasta di miglio, un po' alla volta, continuando a mescolare finché non diventa densa.
3. Servire con stufati o salse a base di peperoncino.

4. Serve da sei a otto.

Spuntini e morsi

9. La carne-Riempito PasticceriaS (Mongolia)

Ingredienti:

Impasto
- 2-1/4 tazze di farina
- 1/4 cucchiaino di sale
- Circa 1 tazza d'acqua

Riempimento
- 1 libbra di manzo o montone grasso tritato o macinato
- 1-1/2 cucchiaino di sale
- 1/4 cucchiaino di pepe nero macinato
- 1/2 cucchiaino di maggiorana
- 1/2 cipolla, tritata finemente
- 1-2 spicchi d'aglio, tritati finemente
- 1/2 tazza di olio per friggere (il grasso di montone è tradizionale, ma l'olio da cucina funziona)

Indicazioni:

1. In una ciotola capiente, unire la farina e il sale.
2. Aggiungere mezzo bicchiere d'acqua alla farina e poi continuare ad

aggiungere l'acqua un po' alla volta, mescolando bene, fino ad ottenere un impasto ruvido e asciutto, della consistenza di quello per la crostata. Impastare fino ad ottenere un impasto liscio ed elastico. Coprite e lasciate riposare per 5-10 minuti.

3. In una ciotola separata, unire la carne, il sale, il pepe nero, la maggiorana, la cipolla tritata e l'aglio tritato. Mescolare accuratamente. Se asciutto, aggiungere qualche goccia d'acqua per inumidire.

4. Dividere l'impasto in quarti. Arrotolare ogni quarto in un cilindro e tagliarlo a metà. Arrotola ogni mezzo cilindro in un cerchio di circa 5-6 pollici di diametro.

5. Metti circa 2-2-1/2 cucchiai di ripieno su un lato del cerchio, lasciando spazio attorno al bordo esterno. Piega l'altro lato, creando una mezzaluna. Pizzicare i bordi chiusi, spremere l'aria e appiattire il ripieno mentre si lavora. Ripetere il processo

con il resto del ripieno e dei pezzi di pasta.

6. Versare l'olio in una padella, a una profondità di circa 1/2 pollice. Scaldare l'olio fino a caldo. Friggere due o tre pasticcini alla volta per due minuti per lato, fino a quando non saranno ben dorati e la carne sarà cotta. L'hushuur può essere consumato caldo o freddo.

7. Fa otto pasticcini.

10. Ciambelle Di Mele (Danimarca)

Ingredienti:

- 1 tazza di farina
- 1 cucchiaio di zucchero
- 1/4 cucchiaino di sale grosso
- 1 cucchiaino di bicarbonato di sodio
- 2 cucchiaini di cardamomo macinato
- 3 tuorli d'uovo
- 1-3/4 tazze di latticello
- Un pizzico di scorza di limone finemente grattugiata
- 3 albumi
- 3-1/2 cucchiai di burro, sciolto

Riempimento:

- 1 mela, tritata finemente o passata, prugne o uvetta

Indicazioni:

1. Setacciare la farina in una ciotola e mescolare con lo zucchero, il sale, il bicarbonato e il cardamomo.
2. Sbattere i tuorli con il latticello e grattugiare la scorza di limone nel composto. Aggiungere gradualmente

la miscela di farina, fino a ottenere una pastella liscia. Lasciar riposare per mezz'ora.

3. Montare gli albumi a neve in una ciotola separata. Piegare con cura nella pastella.

4. Scaldare la padella œbleskiver su un fornello a fuoco medio-alto. Versare un cucchiaino di burro fuso in ogni cavità. Riempire le cavità con la pastella quasi fino al bordo. Mettere la padella sul fuoco e cuocere fino a quando i bordi iniziano a bollire.

5. Metti un cucchiaino di ripieno in ciascuno mentre il centro è ancora liquido. Capovolgere l'œbleskiver con una forchetta o uno spiedino di legno, facendolo scorrere lungo il bordo di ogni œbleskiver. Giratele non appena avranno formato una crosticina e saranno ben dorate. Girare l'œbleskiver un paio di volte, in modo che siano cotti in modo uniforme dopo sei-otto minuti.

6. Togliere dalla padella e tenere in caldo in forno a 200°F, mentre cuoce il resto.

7. Mangiare con accompagnamento, se lo si desidera.

8. Ne fanno 25-30, sufficienti per sei porzioni.

11. Barbudos (Costa Rica)

Ingredienti:

- 1/2 libbra di fagiolini freschi con le estremità tagliate
- Acqua da coprire
- 2 uova
- 2 cucchiai di farina
- 1 cucchiaino di sale
- 1/2 cucchiaino di peperoncino in polvere o a piacere
- 6 cucchiai di olio vegetale o d'oliva per friggere

Indicazioni:

1. Tagliare i fagiolini e metterli da parte. Mettere l'acqua in una pentola profonda, portare a bollore. Aggiungere i fagiolini e far bollire per uno o due minuti, o finché non saranno leggermente teneri. Drenare.
2. Mettere le uova in una ciotola e sbattere fino a renderle chiare. Sbattere la farina, il sale e il peperoncino in polvere.

3. Mettere i fagioli nel composto di uova e ricoprirli bene.
4. Scaldare l'olio in una padella profonda e pesante. Quando sarà caldo (325°F), mettere alcuni fagioli nell'olio bollente e friggere fino a doratura. Scolare su carta assorbente e tenere in caldo. Fate lo stesso con il resto dei fagioli.
5. Servire caldo.
6. Serve quattro.

12. Pone manioca (Guyana)

Ingredienti:

- 2 uova medie
- 1 tazza di zucchero semolato
- 1/2 cucchiaino di sale
- 1-1/2 libbre di manioca/manioca grattugiata finemente (può essere acquistata congelata, già grattugiata)
- 1 cucchiaino di cannella in polvere
- 1/4 cucchiaino di noce moscata grattugiata
- 1/4 cucchiaino di pepe nero macinato finemente (facoltativo)
- 4 cucchiai di burro, sciolto
- 12 once fluide di cocco o latte da latte

Indicazioni:
1. Preriscaldare il forno a 350°F.
2. Ungere un piatto di vetro quadrato profondo nove pollici o una tortiera.
3. Sbattere le uova con lo zucchero e il sale fino a quando diventano chiare e leggermente addensate.

4. Aggiungere la manioca/manioca grattugiata e gli altri ingredienti e mescolare bene fino ad ottenere un composto liscio.
5. Raschiare la pastella nella teglia o nella padella e cuocere in forno preriscaldato per circa 1-1-1/4 ore fino a cottura. La parte superiore dovrebbe essere dorata nella maggior parte dei punti.
6. Lasciar raffreddare nella teglia o nella teglia e servire a quadrotti. È molto denso, quindi tieni le porzioni piccole per cominciare.
7. Serve da quattro a sei.

13. Causas (Perù)

Ingredienti:

- 2 libbre di patate
- 4 cucchiai di pasta di ají amarillo
- 1/2 tazza di olio vegetale
- Succo di 1 lime chiave
- 1 scatola di tonno sott'olio
- 1/2 cipolla, tritata finemente
- 1 tazza di maionese
- 1 avocado, tagliato a fette
- Sale
- Due uova sode, affettate
- 1/4 di tazza di olive nere affettate

Indicazioni:

1. Lessate le patate in acqua salata. Sbucciare e schiacciare mentre è caldo. Lasciate raffreddare e mescolate bene con la pasta di ají amarillo, l'olio vegetale e il succo di lime. Sale a piacere.
2. Mescolare il tonno con le cipolle tritate e la maionese.

3. Disporre uno strato di purè di patate su un piatto da portata e spalmare con una sottile pellicola di maionese. Adagiate sopra le fette di avocado. Stendete un secondo strato di purè di patate e ricoprite con la maionese di tonno.
4. Coprire con un ultimo strato di patate e decorare con fettine di uova sode e olive nere.

14. Chapli Kebab (Afghanistan)

Ingredienti:

- 1 libbra di agnello o manzo tritati finemente
- 12 once di cipolle verdi, tritate finemente
- 4 once di farina bianca
- 1/2 peperone dolce (verde o rosso), privato dei semi e tritato finemente
- 4 peperoncini verdi piccanti, privati dei semi e tritati finemente (usarne meno se si preferisce una versione più mite)
- 3-4 cucchiai di coriandolo fresco, tritato finemente
- 2 cucchiaini di semi di coriandolo macinati
- Sale a piacere
- 1/2 tazza di olio vegetale per friggere
- 1/4 tazza di coriandolo fresco extra per guarnire
- 12 spicchi di limone

Indicazioni:

1. Mettere la carne, le cipolle verdi, la farina, entrambi i tipi di pepe, il coriandolo fresco e macinato e il sale qb in una ciotola e mescolare e impastare bene fino a ottenere un composto liscio e appiccicoso. Forma la miscela in oblunghe piatte di circa 6 × 4 pollici e 1/4 di pollice di spessore.
2. Scaldare abbastanza olio vegetale in una padella per friggere gli spiedini (che dovrebbero essere quasi coperti dall'olio) e friggerli a fuoco medio-alto fino a quando non saranno marroni su entrambi i lati e cotti (circa 10 minuti).
3. Servire con un'insalata di pomodori e cipolle e chapatti o naan. Guarnire con coriandolo fresco e spicchi di limone.
4. fa 12.

15. Corn Dogs (Stati Uniti)

Ingredienti:

- 1-1/3 tazze di farina di mais
- 2/3 di tazza di farina
- 1 cucchiaio di zucchero
- 1 cucchiaino di senape secca
- 1 cucchiaino di lievito in polvere
- Sale a piacere
- 1/2 tazza di latte
- 1 uovo, leggermente sbattuto
- 1 cucchiaio di grasso fuso
- 6 wurstel
- 6 spiedini o bastoncini

Indicazioni:

1. Scaldare l'olio per friggere, a 375 ° F.
2. In una ciotola capiente, unire la farina di mais, la farina, lo zucchero, la senape, il lievito e il sale. Mescolare bene.
3. Aggiungere il latte, l'uovo e il grasso, mescolando fino a ottenere un composto molto liscio. Versare il composto in un bicchiere alto.

4. Metti i wurstel sui bastoncini. Immergeteli nella pastella di farina di mais per ricoprirli uniformemente.
5. Friggere in abbondante olio riscaldato a 375 gradi fino a doratura, circa due minuti. Scolare su carta assorbente.

6. Ne fa sei.

16. Felafel (Israele)

Ingredienti:

- 1 tazza di ceci secchi, cotti
- 1 spicchio d'aglio, leggermente schiacciato
- 1 cipolla media, tritata
- 1 cucchiaino di coriandolo macinato
- 1 cucchiaino di cumino macinato
- 1-1/2 cucchiaino di peperoncino in polvere
- 1/2 tazza di foglie di prezzemolo tritate
- 1/2 cucchiaino di sale
- 1/2 cucchiaino di pepe nero
- Succo di 1 limone intero, spremuto
- Olio di colza o di mais per friggere

Indicazioni:

1. Metti i ceci nella ciotola di un robot da cucina. Aggiungere gli altri ingredienti tranne l'olio. Frullare fino a quando non sarà tritato finemente ma non frullato, raschiando i lati della ciotola verso il basso.
2. Se necessario, aggiungi dell'acqua di ammollo per consentire al composto di

formare una palla, non fare una pasta molliccia.

3. Metti circa due pollici di olio in una casseruola grande e profonda a una profondità di almeno due pollici. Scaldare l'olio a circa 350°F.

4. Formate dei cucchiai di pastella a forma di palline o piccole polpette. Friggere in lotti fino a doratura, girando se necessario. Il tempo di cottura sarà di cinque minuti. Servire caldo nel pane pitta con cetrioli e pomodori tritati e salsa di humus.

5. Serve quattro.

17. Cong tu Bing (Cina)

Ingredienti:

- 1 tazza di farina
- 1/2 tazza di acqua bollente
- 1/2 cucchiaino di sale
- 2 cucchiai di strutto o olio di sesamo
- 3 cipolle verdi, tritate (usare solo la parte verde)
- Farina extra per stendere la pasta
- Lardo o olio vegetale per friggere

Indicazioni:

1. Mescolare la farina e l'acqua bollente insieme fino ad ottenere un impasto umido. Impastare bene. Lasciare riposare l'impasto per 30 minuti.
2. Cospargete di farina il piano di lavoro. Stendete l'impasto in un ceppo e dividetelo in due palline uguali.
3. Stendete ogni pallina di pasta in un cerchio piatto. Spennellare la superficie del cerchio con olio.

4. Arrotola il cerchio come faresti con un tappeto. Ruota questo tubo in una bobina o a forma di lumaca.

5. Stendete delicatamente con un rullo. Spennellate nuovamente la superficie con olio o strutto.

6. Cospargere di cipolle verdi e condire con sale.

7. Arrotolare ancora una volta come prima, prima come un tappeto, poi in una bobina. Appiattire di nuovo delicatamente e arrotolare in un cerchio di sette pollici.

8. Friggere alla piastra entrambi i lati in strutto o olio vegetale fino a doratura. Ripetere con la seconda palla di impasto. Tagliare a spicchi per servire.

9. Serve quattro.

18. Gughni (India)

Ingredienti:
- 1/2 libbra di ceci freschi
- 2 cucchiai di cocco grattugiato
- 1 cucchiaino di zucchero
- 2 cucchiai di burro chiarificato (burro chiarificato)
- 1 cucchiaio di pepe nero macinato
- Succo di 2 lime
- Sale a piacere

Indicazioni:

1. Mettere a bagno i ceci per una notte in acqua sufficiente a coprirli.
2. Scolate i ceci, mettete una padella profonda e coprite con acqua. Aggiungere lo zenzero, il cocco e il sale. Portare l'acqua a bollore, abbassare la fiamma e far sobbollire e cuocere fino a quando l'acqua non si sarà asciugata e i ceci saranno morbidi ma non molli.
3. Scaldare il burro chiarificato in una padella capiente, aggiungere i ceci e farli saltare, mescolando spesso.

4. Aggiungere il pepe nero e cuocere per cinque minuti. Aggiungere il succo di lime, mescolare bene e servire.

5. Servire con puris.
6. Serve da quattro a sei.

19. Polpette (Tacchino)

Ingredienti:

- 1-1/4 libbre di carne macinata di medio grasso
- 2-3 fette di pane bianco raffermo
- 1 cipolla grande, grattugiata finemente
- 1 uovo, sbattuto
- 2 spicchi d'aglio, schiacciati
- 2 cucchiaini di cumino macinato
- 1 cucchiaino di sale
- 1/2 cucchiaino di pepe nero
- 1 cucchiaio di olio d'oliva

Indicazioni:

1. Metti la carne tritata in una ciotola capiente.
2. Eliminare la crosta del pane, immergere il pane in acqua e strizzarlo tra le mani. Sbriciolare il pane nella carne macinata.
3. Aggiungere l'uovo, l'aglio, il cumino, il sale e il pepe e impastare fino a quando non sarà ben amalgamato come un impasto.

4. Prendete dei pezzi grandi come una noce, formate delle palline rotonde o ovali e appiattite leggermente.

5. Spennellare leggermente le polpette con olio d'oliva. Grigliare o friggere in una padella antiaderente su entrambi i lati fino a doratura.

6. Servire con riso. Potete grigliare pomodori tagliati a metà e peperoni verdi lunghi da servire con le polpette.

20. spiedini di pollo (Iran)

Ingredienti:

- Succo di 2 limoni
- 2 cipolle medie
- 2 cucchiai di burro
- Sale e pepe a piacere
- 1 cucchiaio di olio vegetale
- Un pizzico di zafferano (facoltativo)
- 20 cosce di pollo, disossate

Indicazioni:

1. Lavate e spellate i pezzi di pollo e asciugateli su un pezzo di carta assorbente da cucina. Incidere delicatamente il lampo per consentire alla marinata di penetrare più in profondità.
2. Mondate e grattugiate le cipolle. Spremere quanto più succo possibile e scartare.
3. (Facoltativo) Usando un pestello e un mortaio, macina lo zafferano con 1/2 cucchiaino di zucchero semolato fino a ridurlo in polvere. Trasferire lo zafferano in una tazza e aggiungere

1/4 tazza di acqua bollente. Coprite la tazza con un piattino e lasciate da parte.

Marinata

4. Metti i pezzi di pollo in una ciotola poco profonda e versaci sopra le cipolle grattugiate. Aggiungere un cucchiaio di succo di limone, l'olio vegetale e sale e pepe a piacere.
5. Mescolare per assicurarsi che i pezzi di pollo siano ben ricoperti dalla marinata. Coprite la teglia con pellicola e lasciate riposare per almeno un paio d'ore.

cucinando

6. Scaldare una griglia finché non è il più calda possibile.
7. Mettere cinque pezzi di pollo dalla miscela di marinata su uno spiedino piatto di metallo. Ripetere fino a quando tutti i pezzi sono esauriti.
8. Sciogliere il burro e tenerlo da parte. Mettere gli spiedini sul barbecue e spennellare con il burro e il succo di limone. Se utilizzate lo zafferano,

spennellate alcuni spiedini con lo zafferano e altri con il succo di limone.

9. Girare per assicurarsi che entrambi i lati siano ben grigliati. Servire su un letto di riso integrale o su un pezzo di pane fresco.

10. Serve da quattro a sei.

21. pane di patate (Norvegia)

Ingredienti:

- 2 libbre di patate sbucciate e bollite, ancora calde
- 1 cucchiaino di sale
- 0,8-1 tazza di farina

Indicazioni:

1. Una volta cotte, schiacciate le patate con il sale. Aggiungere la farina e mescolare bene. La minor quantità di farina le renderà più gustose, la quantità maggiore renderà l'impasto più facile da stendere.
2. Togliere l'impasto di patate e metterlo su un tagliere o una superficie piana. Dividere l'impasto in 12-14 pezzi. Arrotolare ciascuno in un pezzo circolare di circa 1/8 di pollice di spessore e 6 pollici di larghezza.
3. Scaldare una padella asciutta o una piastra a fuoco medio fino a quando non sarà calda. Mettere ogni lompe in padella e friggere su entrambi i lati. Sono pronte quando sono ancora di colore chiaro con macchie più scure.

Impila quelli finiti su un piatto e copri con un canovaccio per evitare che si secchino.

4. Usa ogni lompe come impacco o mangia semplice con un condimento a scelta.

5. Ne fanno 12 o più.

22. Masala Vadai (Sri Lanka)

Ingredienti:
- 1/2 libbra di dhal giallo (piselli gialli)
- Acqua da coprire
- 2-1/2 once di scalogno o cipolla tagliata a dadini piccoli
- 2 cucchiai di semi di finocchio (macinarne un buon 3/4 e lasciare intero il resto)
- 1/2 cucchiaino di peperoncino in polvere o 5 peperoncini verdi tagliati a dadini piccoli
- 1/2 cucchiaio di pasta di pesce (disponibile nei negozi indiani e asiatici)
- 1 rametto di foglie di curry, tritate finemente
- 1/2 cucchiaino di curcuma
- Sale a piacere
- 1/4—1/2 tazza di olio vegetale

Indicazioni:

1. Lavare il dhal per rimuovere la polvere. Mettere in una padella profonda con acqua a sufficienza da coprire e lasciare in ammollo per tutta la notte.

2. Scolare il dhal.
3. Mettere 3/4 di dhal nella ciotola di un robot da cucina e macinare fino a ottenere una pasta densa.
4. Scaldare un cucchiaio di olio in una piccola padella e soffriggere gli scalogni/cipolle fino a quando non saranno caramellati.
5. Versare la pasta dhal in una ciotola e aggiungere tutti gli altri ingredienti, compreso il dhal rimanente, e mescolare bene.
6. Usando le mani o un cucchiaio, prendi abbastanza della miscela di dhal per fare una piccola polpetta. Premere delicatamente il composto sul palmo della mano per rassodare il composto.
7. Scaldare 1/4 di tazza di olio in una padella pesante. Friggere in lotti fino a quando ogni vadai diventa marrone dorato.

8. Vadai può essere servito sia caldo che freddo.

9. Fa 30 vadai.

23. Mofongo (Portorico)

Ingredienti:
- 3 platani maturi
- Olio per friggere
- 3 spicchi d'aglio, schiacciati
- 2 cucchiai di olio d'oliva
- Chicharrones da 1/4 libbra (cotenna di maiale fritta) o pancetta fritta, sbriciolata
- Sale e pepe a piacere
- Succo di lime

Indicazioni:

1. Tagliate la banana a rondelle da 1/2 pollice.
2. Scaldare l'olio in una padella profonda e pesante a 325 ° F. Aggiungere le fette di platano e friggere in lotti fino a quando non saranno dorate all'esterno. Scolare su carta assorbente.
3. Quando sono cotti, metti i platani nella ciotola di un robot da cucina, mescola con aglio, olio d'oliva e chicharrones o pancetta (o usa un

mortaio e un pestello se disponibile). Lavorate il composto fino a quando non iniziano a diventare spumosi.

4. Assaggiare e aggiungere sale e pepe a piacere. Cospargere con succo di lime a piacere.
5. Al termine, formare tre palline dall'impasto e servire con piatti di zuppa o carne, oppure affettare e mangiare così com'è.

6. Serve da tre a quattro.

24. Momos (Nepal)

Ingredienti:

- 4 tazze di farina bianca
- 2-3 tazze d'acqua
- 1 libbra di maiale, tacchino o pollo, cotti e tritati finemente
- 1 cipolla media, tritata finemente
- 1-2 spicchi d'aglio, tritati finemente (a piacere)
- 1 cucchiaino di coriandolo macinato
- 1/2 cucchiaino di sale o a piacere
- 1/2 cucchiaino di peperoncino tritato finemente

Indicazioni:

1. Mettere la farina in una ciotola capiente e mescolare con l'acqua. Impastare la farina fino a ottenere un impasto morbido e fine aggiungendo acqua se necessario. Lasciar riposare per 10-15 minuti.
2. Unire gli altri ingredienti in una ciotola e mescolare bene.

3. Formate con l'impasto delle palline della grandezza di un uovo e appiattitele su un piano infarinato.
4. Tenendo una palla nel palmo della mano, metti un cucchiaio di ripieno al centro. Ripiegare i lati e strizzare bene i bordi per sigillare e fare una piccola busta.
5. Far bollire l'acqua in una pentola a vapore. Ungete una teglia per la cottura a vapore, mettete i momos e fate cuocere a vapore per 10 minuti.
6. Servire con un chutney di pomodoro al coriandolo.
7. ne fa circa 25.

25. Spiedini di montone (Asia centrale)

Ingredienti:
- 3 libbre di agnello
- 6 cucchiai di succo di limone
- 2 cipolle medie tritate
- 3 cucchiai di coriandolo tritato finemente
- 1 cucchiaio di semi di coriandolo macinati
- 3 spicchi d'aglio tritati finemente
- 1 cucchiaino di sale
- 1 cucchiaino di pepe di Caienna

Indicazioni:
1. Unisci tutti gli ingredienti tranne l'agnello in una ciotola di vetro e mescola bene. Aggiungere i cubetti di agnello e mescolare bene.
2. Lasciare raffreddare il composto in frigorifero per una notte almeno 12 ore mescolando di tanto in tanto. Scolare la marinata.
3. Cospargere leggermente la carne di sale e infilare i pezzi in uno spiedino di metallo. Non affollarli. I pezzi non devono toccarsi.

4. Griglia o griglia l'agnello ad almeno quattro pollici dalla fiamma per 7-12 minuti a seconda di quanto ti piace la carne. Cospargere di sale e pepe di Caienna a piacere.

5. Per guarnire, marinare la cipolla affettata sottilmente in una ciotola poco profonda di aceto bianco.

6. Serve sei.

26. Nalistniki (Bielorussia)

Ingredienti:

- 2 uova
- 2 tazze di latte
- 1-1/2 tazze di farina
- 2 cucchiai di zucchero
- 2-3 cucchiai di burro fuso
- 1/2 tazza di panna acida

Indicazioni:

1. Scaldare il forno a 350°F.
2. Sbattere le uova in una ciotola profonda. Amalgamare il latte fino ad ottenere un composto ben amalgamato. Unire la farina e lo zucchero.
3. Mescolare accuratamente in una pastella sottile.
4. Scaldare una piastra o una padella antiaderente con un po' d'olio per ricoprire il fondo.
5. Versare circa due o tre cucchiai sulla piastra e cuocere fino a quando il pancake non bolle leggermente. Capovolgere e cuocere velocemente fino a leggera doratura.

6. Metti da parte ogni pancake fino a quando non sarà tutto pronto. Al termine, piegare a metà i nalistniki, metterli su una teglia, coprire con burro fuso e panna acida e cuocere per circa un minuto, finché non saranno ben croccanti.

7. ne fa circa 12

27. Oliebollen (ciambelle, Olanda)

Ingredienti:
- 3-1/2 tazze di farina bianca
- 3/4 cucchiaino di sale
- 1 cucchiaio di zucchero
- 2-1/4 cucchiaini di lievito a lievitazione rapida
- Scorza di un limone grattugiata finemente
- 2 uova, ben sbattute
- 1-1/2 tazze di latte caldo
- 3 once di uvetta
- 3 once di ribes
- 1 torta di mele, grattugiata
- Olio per friggere
- Zucchero a velo per spolverare

Indicazioni:

1. In una ciotola capiente, mescolate insieme la farina, il sale, lo zucchero, il lievito e la scorza di limone.
2. Aggiungere le uova e il latte e sbattere bene con un cucchiaio di legno per alcuni minuti fino ad ottenere un composto liscio.

3. Unire la frutta secca, coprire con un canovaccio umido e lasciare in un luogo caldo fino al raddoppio, circa un'ora.
4. Quando sarà quasi raddoppiato di volume, scaldate l'olio.
5. Usa due cucchiai per sollevare le porzioni di pastella delle dimensioni di una prugna e lasciarle cadere nel grasso caldo.
6. Friggere in piccoli lotti fino a doratura e cottura, abbassando la fiamma se necessario, per evitare che si brucino.
7. Scolare su carta assorbente e servire subito, spolverizzato con zucchero a velo.
8. ne fa circa 20.

28. Pakora (India)

Ingredienti:
- 1 melanzana media
- 7 once di farina di ceci
- 1 cucchiaino di sale
- 1/2 cucchiaino di peperoncino in polvere (o a piacere)
- 1/2 cucchiaino di curcuma macinata
- 1 tazza di acqua fredda, più o meno
- 1 tazza di olio vegetale per friggere

Indicazioni:

1. Tagliare le verdure a fette di circa 1/4 di pollice di spessore e 2 pollici di diametro e mettere da parte.
2. Unisci la farina di ceci, il sale, il peperoncino in polvere e la polvere di curcuma in una ciotola capiente. Mescolare abbastanza acqua per ottenere una pastella densa.
3. Scaldare l'olio in un wok o in una padella profonda fino a quando non sarà fumante. Mescolare le fette di verdura nella pastella e farle cadere nell'olio una alla volta e cuocere fino a

doratura (facendo attenzione a non schizzare la pastella, perché può lasciare una macchia permanente)

4. Togliere le verdure cotte con una schiumarola e scolare il grasso in eccesso.

5. Servire caldo con chutney di pomodoro o ketchup.

6. Serve da quattro a sei.

29. Pav Bhaji (India)

Ingredienti:

- 1 piccola testa di cavolfiore, tagliata a cimette (circa 3-4 tazze)
- 3 patate medie, sbucciate e tagliate a pezzi grossi
- 2 cucchiai di olio
- 1 peperone verde, tritato finemente
- 1/2 cucchiaino di curcuma macinata
- 1 cucchiaino di peperoncino in polvere o pasta di peperoncino rosso
- 1 cucchiaino di pasta di zenzero e aglio (disponibile nei negozi di alimentari indiani)
- Sale a piacere
- 2-3 tazze di passata di pomodoro
- 1 cucchiaio di garam masala (pav bhaji masala se disponibile, altrimenti va bene qualsiasi garam masala)
- 1 cucchiaio di burro
- Quattro rotoli duri
- Cipolla affettata
- Limone

Indicazioni:

1. Mettere il cavolfiore e le patate in una padella profonda e coprire con acqua. Portare a bollore, abbassare la fiamma e cuocere fino a che non saranno morbide.
2. Scaldare l'olio in una padella capiente. Aggiungere il pepe tritato finemente e far rosolare finché non si ammorbidisce. Aggiungere la pasta di zenzero e aglio e soffriggere per altri 30 secondi.
3. Aggiungere la curcuma e il peperoncino in polvere e aggiustare di sale. Rosolare per qualche secondo.
4. Aggiungere la passata di pomodoro, le patate lesse e il cavolfiore, il masala e il burro.
5. Continuare a soffriggere e schiacciare con uno schiacciapatate fino a ottenere un composto liscio. Cuocete per 20-25 minuti, aggiungendo acqua se necessario.
6. Tagliare gli involtini a metà e friggerli nel burro con il lato tagliato verso il

basso. Servire a parte con cipolla affettata e limone.

7. Serve quattro.

30. Pholourie (Trinidad)

Ingredienti:
- 1/2 libbra di piselli spezzati
- 1 spicchio d'aglio tritato finemente
- 1/2 cucchiaino di zafferano in polvere (o curcuma se lo zafferano non è disponibile)
- 1/8 cucchiaino di bicarbonato di sodio
- 1 cucchiaino di lievito in polvere
- 1 cucchiaio di farina
- 1 cucchiaino di sale
- Succo di 1/2 piccolo lime
- Due tazze di olio o quanto basta per friggere

Indicazioni:
1. Lavate i piselli spezzati e lasciateli in ammollo per una notte.
2. Scolare i piselli e tritarli fino a ottenere una consistenza liscia. Unite tutti gli altri ingredienti, mescolate bene e lasciate riposare per un'ora, aggiungendo un po' d'acqua se il composto dovesse asciugarsi troppo. Quindi sbattilo ancora fino a renderlo chiaro e spumoso.

3. Scaldare l'olio in una friggitrice. Versare il composto a cucchiaino nell'olio bollente. Friggere fino a doratura o fino a quando il pholourie galleggia in superficie.

4. Scolare e servire subito con chutney di tamarindo o mango.

5. Ne fanno circa due dozzine, a seconda delle dimensioni.

31. Pollo Piri-Piri (Mozambico)

Ingredienti:

- 1 pollo piccolo, 3 libbre o meno
- 2 cucchiai di peperoncino piri-piri essiccato o a volo d'uccello (può sostituire altri peperoncini secchi a scaglie)
- 1 cucchiaino di sale
- 1 cucchiaio di scaglie di peperone rosso tritato (meglio tritato piri-piri o peperoni a volo d'uccello)
- 4 spicchi d'aglio, schiacciati
- 2 cucchiai di succo di limone o succo di un limone grande
- 1-2 cucchiai di olio d'oliva
- Piri-piri salsa o altra salsa piccante al peperoncino

Indicazioni:

1. Disporre il pollo su un tagliere e tagliarlo verso il basso lungo la spina dorsale con un coltello affilato. Distendere il pollo a metà sulla lavagna.

2. Metti il sale, i fiocchi di peperoncino, l'aglio, il succo di limone e l'olio d'oliva nella ciotola di un robot da cucina o frullatore e frulla fino a quando non sarà ben amalgamato.
3. Togliere dal frullatore e strofinare il pollo su entrambi i lati con il composto. Lasciar riposare per almeno 15 minuti o più.
4. Riscaldare la griglia a temperatura adeguata. Quando è pronto, arrostire il pollo su entrambi i lati fino a cottura. Durante la cottura, il pollo può essere irrorato con salsa piri-piri.
5. Serve da due a quattro.

32. Pirozhki (Russia)

Ingredienti:

Pasta Pirozhki

- 3 tazze di farina per tutti gli usi
- 2 cucchiaini di zucchero
- 1 cucchiaino di sale
- 1/2 tazza (8 cucchiai) di burro freddo non salato
- 1 uovo, ben sbattuto
- Da 1/2 a 2/3 tazza di latte freddo
- Glassa: 1 uovo sbattuto leggermente con 1 cucchiaio di latte

Ripieno Di Carne

- 1 libbra di carne macinata di manzo o maiale
- 2 cucchiai di olio di semi di girasole
- 1/2 tazza di cipolla tritata finemente
- 2 spicchi d'aglio, tritati
- 1/2 cucchiaino di pepe nero appena macinato
- 1/4 di cucchiaino di sale
- 1/4 cucchiaino di pimento macinato

Indicazioni:

Pasta Pirozhki

1. Sbattere insieme la farina, lo zucchero e il sale in una ciotola capiente. Tagliare il burro freddo a pezzetti. Utilizzare un coppapasta per frullare la farina e il burro insieme fino a quando il composto non assomiglia a un pangrattato grossolano e non rimangono grumi di burro.

2. Usando un cucchiaio grande, incorporare l'uovo sbattuto. Aggiungere il latte freddo, due cucchiai alla volta, mescolando con il cucchiaio, poi con le mani, impastando leggermente gli ingredienti nella ciotola fino a formare un impasto morbido e liscio. Aggiungere solo il latte quanto basta per ottenere un impasto liscio, né friabile né umido.

3. Coprite la ciotola con un canovaccio e lasciate riposare la pasta frolla a temperatura ambiente per 30 minuti. Preriscaldare il forno a 400°F.

4. Dividete l'impasto a metà, tenendone una metà coperta con il canovaccio. Stendere l'altra metà su una superficie leggermente infarinata, ad uno spessore di 1/8 di pollice. Usa un tagliabiscotti rotondo da quattro pollici per tagliare l'impasto in cerchi, mettendoli da parte su una superficie leggermente infarinata. Stendete e tagliate la restante metà dell'impasto, ripiegando e tagliando gli eventuali ritagli, per ottenere un totale di 16-18 cerchi di pasta frolla.
5. Lavorando con un cerchio di pasta alla volta, stendete la pasta leggermente più sottile, quindi disponete un cucchiaio colmo di ripieno al centro del cerchio.
6. Usa il dito per inumidire leggermente il bordo del cerchio con acqua, quindi piega l'impasto a metà, sopra il ripieno, a formare una mezzaluna.
7. Schiacciate i bordi con i rebbi di una forchetta, per sigillarli

ermeticamente. Ripeti con i restanti cerchi di pasta.

8. Disporre metà dei pasticcini ripieni su una grande teglia non unta. Spennellare leggermente la glassa di uova e latte sulla superficie. Cuocere sulla griglia centrale del forno a 200°F per 15-18 minuti, o fino a quando le parti superiori non saranno leggermente dorate. Glassate e infornate la restante metà dei pasticcini.
9. Servire caldo.

Ripieno Di Carne

10. Cuocere la carne macinata in una padella fino a completa doratura, quindi trasferire la carne e tutti i succhi in una ciotola.
11. Scaldare l'olio in una padella, aggiungere la cipolla e far rosolare fino a quando la cipolla diventa traslucida. Aggiungere l'aglio e far rosolare ancora per due minuti.

12. Mescolare la miscela di cipolle e tutto l'olio dalla padella alla carne nella ciotola. Incorporate il pepe, il sale e il pimento, mescolando bene. Raffreddare bene prima dell'uso. Fa due tazze di ripieno.
13. Fa 16-18 pezzi.

33. Pofesen (Austria)

Ingredienti:
- 2 fette di pane (pane bianco, è possibile anche pane tostato)
- ca. 1/2 tazza di marmellata di prugne
- 1/2 litro di latte
- 2 uova
- Un pizzico di zucchero
- Zucchero a velo
- Cannella (a piacere)
- Olio da cucina

Indicazioni:
1. Spalmare la marmellata di prugne su una delle fette, coprire con l'altra fetta, quindi schiacciarle insieme.
2. In una ciotola sbattete leggermente le uova con il latte e un pizzico di zucchero.
3. Mettere il pane preparato nel composto di uova, lasciare per un minuto ad assorbire quanto più liquido possibile.
4. Nel frattempo fate scaldare dell'olio vegetale in una padella antiaderente.

Mettere il pane imbevuto nell'olio e friggere da entrambi i lati fino a doratura.

5. Una volta fritte, lasciatele raffreddare su una gratella foderata di carta assorbente da cucina che imbeveranno il grasso in eccesso.

6. Servire con zucchero a velo e cannella a piacere.

34. Pupusa (El Salvador)

Ingredienti:

- 3 tazze di masa harina (disponibile nei negozi latinoamericani o come mix istantaneo in molti supermercati)
- 1/8 cucchiaino di sale o a piacere
- 2 tazze d'acqua
- 1 tazza di formaggio Monterey Jack grattugiato
- 1/4-1/2 tazza di burro

Indicazioni:

1. Unire la masa harina, il sale e l'acqua in una grande ciotola e mescolare bene con un cucchiaio. Il masa dovrebbe avere la consistenza di un impasto per biscotti con gocce di cioccolato.
2. Formare con l'impasto delle polpette, spesse circa 1/8 di pollice e di diametro tre pollici, e coprirle con un panno inumidito.

Per Assemblare i Pupusas

3. Metti circa un cucchiaio di formaggio al centro di una polpetta di mais. Metti un altro tortino sopra il ripieno e premi i bordi dei tortini insieme con la punta delle dita per sigillare la pupusa. Nessun riempimento deve essere esposto. Se lo è, coprilo con un pezzo di masa e tampona il punto liscio.

4. Prepara una piastra o una padella pesante. Sciogliere 1 cucchiaio di burro su di esso. Adagiateci sopra le pupusas e fate cuocere a fuoco medio-alto, girando una volta, finché non saranno dorate, circa quattro minuti per lato. Continuare a cuocere tutte le pupusas su una piastra imburrata fino a quando non saranno tutte cotte.

5. Servire subito con insalata di cavolo e salsa di pomodoro.

35. Salsa Criolla (Argentina)

Ingredienti:

- 1 cipolla, tritata finemente
- 1 peperone rosso dolce; tritato finemente (campana rossa o pimento)
- 1 peperone verde, tritato finemente
- 1 pomodoro, privato dei semi e tritato finemente
- 1 spicchio d'aglio, tritato finemente
- 1 cucchiaio di prezzemolo a foglia piatta, tritato finemente
- 1/2 tazza di olio d'oliva
- 1/4 tazza di aceto di vino rosso
- Sale e pepe a piacere

Indicazioni:

1. Amalgamare tutti gli ingredienti e servire.
2. Godere.

36. Seadas o Sebadas (Italia)

Ingredienti:

- 14 once di pecorino sardo giovane
- 1 tazza d'acqua
- 1 cucchiaio di farina di grano duro
- Scorza di 1/2 limone
- 18 once di farina per tutti gli usi
- 2 once di strutto o burro
- Acqua tiepida
- Sale a piacere
- 1/2 tazza di miele
- Olio extravergine di oliva per friggere

Indicazioni:

1. Metti il formaggio in una pentola media. Aggiungere un bicchiere d'acqua, la farina di grano duro e la scorza di 1/2 limone.

2. Riscaldare il composto a fuoco medio, mescolando continuamente fino a quando gli ingredienti non si saranno amalgamati e il composto avrà una consistenza omogenea.

3. Togliere la pentola dal fuoco, stendere il composto su una superficie asciutta (ad es., un tagliere) ad uno spessore di 1/2 pollice e lasciarlo raffreddare.
4. Nel frattempo, mettete la farina per tutti gli usi su un piano di lavoro a fontana. Fate un buco al centro (a forma di vulcano), aggiungete lo strutto o il burro e iniziate a lavorare il grasso nella farina.
5. Aggiungere poca acqua tiepida alla volta fino ad ottenere un impasto che si può impastare. Se l'impasto è troppo asciutto e si strappa, aggiungere ancora un po' d'acqua.
6. Impastare l'impasto per almeno sette minuti. Avvolgete l'impasto nella pellicola e fatelo riposare per almeno 20 minuti.
7. Quando l'impasto è riposato, stendetelo ad uno spessore uniforme di 1/8 di pollice. Tagliare l'impasto in quadrati da un pollice. Tagliare la

miscela di formaggio raffreddata a cubetti da 1/2 pollice.

8. In una padella ampia, profonda almeno tre centimetri, scaldare l'olio extravergine di oliva per friggere. L'olio deve essere caldo, ma non fumante (200-210°F). Friggete le seadas diverse alla volta, facendo attenzione a non sovraffollare la padella. Le seadas dovrebbero sempre sfrigolare mentre friggono.

9. Quando le seadas saranno ben dorate, toglietele dall'olio e adagiatele su un piatto coperto con carta assorbente da cucina.

10. Irrorate le seadas con il miele e gustatele calde.

11. Serve sei.

37. Shashlyk (Spiedini Di Carne Alla Griglia)

Ingredienti:

- 2 libbre di carne di maiale o manzo, rifilate la maggior parte del grasso e tagliate a cubetti da 1-1/2 a 2 pollici
- 1 bicchiere di vino bianco
- 1/2 tazza di olio di semi di girasole
- 1/4 di tazza di aceto bianco (o 2 cucchiai di aceto bianco e 2 cucchiai di salamoia a base di aneto acido)
- 1 cipolla grande, affettata trasversalmente ad anelli sottili
- 4 spicchi d'aglio grandi, tritati
- 4-6 chiodi di garofano interi o bacche di ginepro intere, schiacciate
- 2 foglie di alloro, sbriciolate
- 1 cucchiaino di peperoncino tritato in scaglie
- 1 cucchiaino di sale
- 1 cucchiaino di pepe nero

Indicazioni:

1. Unire tutti gli ingredienti in una grande ciotola non reattiva. Mescolare per amalgamare bene.

Coprire e conservare in frigorifero per 24 ore, rigirando la carne due o tre volte mentre marina.

2. Infilare i cubetti di carne direttamente dalla marinata su spiedini di metallo (non tamponare la carne prima di infilzarla nello spiedo), lasciando un piccolo spazio tra ogni pezzo di carne. Scartare la marinata rimanente.

3. Preparate una griglia molto calda, preferibilmente con la carbonella. Cuocere la carne quattro pollici sopra i carboni molto ardenti per circa 15 minuti, girando la carne due o tre volte, finché non è più rosa al centro. Servire caldo, accompagnato da vodka ghiacciata o da un abbondante vino rosso.

4. Serve quattro.

38. Sopaipillas (frittelle di zucca, Cile)

Ingredienti:

- 1 tazza (8 once) di polpa di zucca preparata, in scatola o congelata
- 1/2 tazza di burro fuso
- 1/4 tazze di farina
- 1 cucchiaino di lievito in polvere
- 1 cucchiaino di sale
- 2 tazze di olio vegetale

Indicazioni:

1. In una ciotola capiente, mescolate la zucca e il burro fuso.
2. In una ciotola a parte setacciate insieme la farina, il lievito e il sale.
3. Mescolare la miscela di farina nella zucca fino a quando non è ben amalgamata e forma un impasto.
4. Mettere l'impasto su una spianatoia leggermente infarinata e impastare fino a che liscio, aggiungendo altra farina se necessario. Coprite l'impasto con un canovaccio e lasciatelo riposare per 15 minuti.

5. Stendete l'impasto a uno spessore di 1/8 di pollice e tagliatelo a cerchi di 3 pollici di diametro con un coppapasta o un tagliabiscotti. Bucherellare ogni cerchio un paio di volte con una forchetta.
6. Scaldare l'olio vegetale in una padella grande a fuoco medio-alto fino a quando non sarà caldo, 385 ° F. Metti diversi cerchi di pasta alla volta nell'olio caldo e cuocili tre o quattro minuti fino a quando non saranno leggermente dorati.
7. Scolare su carta assorbente.
8. Servire caldo con salsa chancaca tiepida.
9. Fa circa 16.

39. Souvlaki (Grecia)

Ingredienti:

- 1 libbra di filetto di maiale o spalla, tagliato a cubetti da un pollice

Marinata

- 1 spicchio d'aglio
- 1/4 di tazza di olio d'oliva
- 1 cucchiaio di origano secco
- 1 foglia di alloro, sbriciolata
- 2 cucchiai di succo di limone
- 1/2 bicchiere di vino rosso
- Sale e pepe a piacere
- Spiedini di legno, messi a bagno in acqua per diverse ore in modo che non si brucino durante la cottura.

Indicazioni:

1. Riscalda il barbecue o il grill al massimo.
2. Unisci tutti gli ingredienti della marinata in una ciotola di vetro, versaci sopra la carne e mescola bene. Coprire e conservare in frigorifero per diverse ore o tutta la notte.

3. Infilzare la carne, mettendo cinque o sei pezzi di carne su ogni spiedino. Abbassare il fuoco a medio e cuocere per 10-15 minuti, girandoli di tanto in tanto per assicurarsi che siano ben cotti.

4. Servire con pane pita e salsa tzatziki.

40. Tacos (Messico)

Ingredienti:

Ripieno (Picadillo)
- 2 cucchiai di olio da cucina
- 1 cipolla media tritata finemente
- 1 spicchio d'aglio, tritato finemente
- 1 libbra di carne macinata
- 1 cucchiaino di cumino macinato
- 1 cucchiaino di peperoncino guajillo macinato (opzionale)
- 1 pomodoro medio, tritato finemente
- Sale e pepe a piacere

Assemblare
- Piccola quantità di olio
- 12 tortillas di mais
- picadillo
- Lattuga grattugiata
- Salsa, fresca o in bottiglia, a piacere

Indicazioni:

1. Scaldare l'olio in una padella, aggiungere la cipolla e l'aglio tritati e far rosolare fino a quando non saranno trasparenti.

2. Aggiungere la carne di manzo, il cumino, il peperoncino guajillo macinato e i pomodori e cuocere a fuoco lento, mescolando, fino a quando la carne non sarà dorata. Scolare il grasso in eccesso dalla padella.

3. Versare un po' d'olio su un tovagliolo di carta e strofinare intorno a una padella pesante. Scaldare la padella a fuoco medio fino a quando non sarà calda.

4. Metti ogni tortilla su una padella riscaldata fino a quando non si gonfia leggermente.

5. Metti il ripieno e la lattuga grattugiata a piacere su un lato del taco. Mettere la salsa a piacere sul taco. Piegare a metà e servire.

6. Fa 12 tacos.

41. Tamales (Messico)

Ingredienti:

- 1 libbra di masa preparata (pasta di mais, fresca o mista)
- 10 foglie di banana 5" × 12"
- 1/2 libbra di fagioli neri, bolliti e passati
- Circa 10 foglie di epazote (pigweed), tritate
- Sale kosher qb

Indicazioni:

1. Prepara un piroscafo, abbastanza grande da contenere 10 pacchetti di tamale.
2. Preparare la masa mescolando la farina con l'acqua o acquistarla preparata al mercato ispanico.
3. Strappare 10 strisce lunghe dalle foglie di banana, da utilizzare per le cravatte.
4. Metti le foglie di banana su una comal o una padella riscaldata e fai tostare leggermente. Stendere la foglia piatta.

5. Dividere l'impasto in 10 pezzi. Formare un impasto oblungo, quindi appiattirlo in una forma ovale su ciascuna foglia di banana, lasciando ampi margini sui bordi per piegare.
6. Dividere i fagioli in 10 porzioni. Distribuire la purea di fagioli in modo uniforme al centro della masa. Cospargere l'epazote tritato sui fagioli.
7. Piegare le foglie di banana in pacchetti: piegare la parte inferiore della foglia verso l'alto e premere leggermente sul bordo per sigillare. Quindi piega l'estremità sinistra al centro e l'estremità destra al centro. Legare i fagottini con una striscia di foglie attorno al centro della confezione, con il nodo ai bordi piegati.
8. Metti tutti i tamales nel piroscafo, in posizione verticale o impilati. Cuocere a vapore i tamales per 35 minuti a fuoco medio o quando ogni tamale si separa facilmente dalla foglia.

9. fa 10.

42. Kebab di manzo macinato (Marocco)

Ingredienti:

- 2 libbre di carne macinata
- 1 albume d'uovo
- 1 cucchiaino di semi di cumino
- 1 cucchiaino di sale
- 1/2 cucchiaino di pepe nero appena macinato
- 2 cipolle medie sbucciate e tagliate ad anelli spessi
- Pomodori e cetrioli per guarnire

Indicazioni:

1. In una ciotola capiente, mescolate la carne macinata con l'albume, il cumino, il sale e il pepe, impastando il composto con le mani fino a quando non sarà ben amalgamato.
2. Fatela raffreddare in frigorifero per 30 minuti.
3. Bagnatevi le mani e formate con la carne delle polpette della grandezza di una grossa noce e infilatele su degli spiedini di metallo alternando la carne agli anelli di cipolla.

4. Spingere la punta dello spiedo attraverso la palla di carne e premerla saldamente attorno allo spiedo.
5. Prepara una grigliata calda. Grigliare o cuocere alla griglia per otto minuti girando gli spiedini una volta.
6. Sfilare gli spiedini dagli spiedini sui piatti da portata.
7. Serve sei.
8. Servire con pomodori tagliati a quarti e cipolle affettate.

43. Tempeh Satay (Thailandia)

Ingredienti:

- 1 blocco di tempeh, tagliato a pezzi da 1/2 pollice
- Olio per friggere
- Spiedini di legno

salsa di arachidi

- 2 cucchiai di burro di arachidi
- 1 cucchiaino di salsa di soia
- 1 cucchiaino di salsa piccante al peperoncino
- 2 cucchiai di salsa di hoisin
- 2 cucchiai d'acqua

Indicazioni:

1. Infilare da quattro a cinque pezzi di tempeh su ogni spiedino.
2. Scaldare l'olio in una padella e friggere leggermente ogni spiedino fino a doratura. Mettere da parte in una piccola ciotola.
3. Unisci il burro di arachidi, la salsa di soia, la salsa di peperoncino piccante,

la salsa di hoisin e l'acqua e mescola per ottenere una pasta liscia.

4. Disporre il satay su un piatto e coprire con la salsa di arachidi.

5. Fa circa quattro spiedini.

44. Thit Heo (Vietnam)

Ingredienti:

- 2 libbre di spalla di maiale magra
- 2 cucchiai di zucchero
- 3 cucchiai di salsa di pesce (nuoc mam)
- 3 scalogni, tritati
- 8 cipolle verdi, tritate
- 1/2 oncia di zenzero, sbucciato e tritato
- 1 peperoncino, tritato

Indicazioni:

1. Affettare sottilmente la spalla di maiale, mettere da parte.
2. A fuoco medio, unire lo zucchero e la salsa di pesce. Aggiungere gli altri ingredienti e versare sopra la carne di maiale a marinare per una notte in frigorifero.
3. Preriscaldare il forno a 375°F
4. Portare a temperatura ambiente e disporre in una teglia coperta. Infornate a 180°C per 40 minuti, o fino a quando la temperatura interna della carne non supera i 60°C.

5. Tagliare la carne a pezzi e usarla per banh mi kep o banh xeo.

45. Tostadas de Chicharo (Messico)

Ingredienti:

- 1/2 libbra di piselli freschi o surgelati
- 10 tortillas di mais intere o tostadas preconfezionate
- 1 cucchiaio di sale kosher o a piacere
- 1/2 tazza di olio di canola
- Un pacchetto da 6 once di formaggio ranchero, grattugiato

Indicazioni:

1. Mettere i piselli in una piccola quantità di acqua in una casseruola. Portare a ebollizione, ridurre il fuoco e cuocere a fuoco lento finché non saranno teneri, circa cinque minuti (o, se congelati, seguire le indicazioni sulla confezione per la cottura).
2. Mettere i piselli cotti nella ciotola di un frullatore o robot da cucina (o molcajete) e frullare; aggiustare di sale a piacere.
3. Per preparare le tostadas dalle tortillas, scaldare l'olio in una padella e friggere ogni tortilla fino a renderla

croccante (potrebbe essere necessario più olio). Scolare le tostadas.

4. Spalmate ogni tostada con la purea di piselli e guarnite con formaggio ranchero.

5. Fa 10 tostadas, serve 5-10.

46. Fricassée tunisina (Tunisia)

Ingredienti:

Per il Pane

- 5 tazze di farina
- 2 uova
- 2 cucchiai di lievito
- 1/2 tazza di olio
- 2 cucchiai di acqua tiepida
- 1 cucchiaio di sale
- Un pizzico di zucchero

Per il ripieno, alla griglia o arrosto

- Harissa salsa (salsa piccante al peperoncino)
- 8 pomodori
- 4 peperoni (rossi o verdi)
- 8 spicchi d'aglio, tritati
- Una lattina da 8 once di tonno
- 4 uova, bollite
- Olive verdi e nere
- capperi
- 2 patate, bollite
- Sale, pepe, olio d'oliva e limone, a piacere

Indicazioni:

1. In una ciotola capiente mettete il lievito in due cucchiai di acqua tiepida, aggiungete uno o due cucchiai di farina e mescolate bene. Il composto non deve essere né troppo sottile né denso. Copritela con un canovaccio e lasciate lievitare per un'ora.
2. Nel frattempo, in una ciotola capiente, mescolate gli ingredienti secchi (farina, sale e zucchero). Fare un buco al centro e aggiungere il lievito (lievito, acqua e farina), mezzo bicchiere di olio e due uova. Lavorare l'impasto a mano o nell'impastatrice per circa 10 minuti, o fino a quando l'impasto non si rompe se teso tra due dita. Coprite e lasciate lievitare in luogo tiepido per almeno un'ora.
3. Dopo che l'impasto avrà raddoppiato le sue dimensioni, impastare e formare 20 palline. Formare le palline in panini allungati e lasciarle lievitare in un luogo caldo per circa 30 minuti o fino al raddoppio del volume.

4. Scaldare l'olio e friggere i panini fino a doratura.

5. Asciugateli su carta assorbente, tagliateli a metà da un lato, stendete all'interno l'harissa generosamente, quindi aggiungete il ripieno che preferite.

6. Per il ripieno: grigliate i pomodori, i peperoni e l'aglio e tagliateli a pezzetti. Tagliate a dadini due patate lesse. Puoi anche scegliere di aggiungere tonno in scatola, uova sode a dadini, capperi e olive. Condite con sale e pepe, un filo d'olio d'oliva e qualche goccia di succo di limone.

7. ne fa 20.

47. Turon (Filippine)

Ingredienti:

- 1 mazzetto di saba di circa 10-12 pezzi
- 1 libbra di polpa fresca di jackfruit (10 once di jackfruit in scatola o congelato possono essere sostituiti)
- 1/4 tazza di zucchero di canna
- Olio da cucina
- Due confezioni da 10 once di involucri di lumpia (involtino di uova o involtino primavera). Scongelare se congelato.
- Bianco d'uovo

Indicazioni:

1. Sbucciare la saba, quindi metà di questi per il lungo. Se usi banane diverse dalla saba, sbucciale e tagliale in segmenti lunghi da due a tre pollici, quindi dimezzali per il lungo.
2. Tagliare il jackfruit in segmenti simili.
3. Abbina una porzione di jackfruit con una metà di banana e spolverizza con zucchero di canna.

4. Separare un involucro di lumpia e posizionarlo su un vassoio o un tagliere.
5. Metti la frutta zuccherata sulla metà inferiore dell'involucro di lumpia.
6. Arrotola il lato più vicino a te sulla frutta lontano da te fino a raggiungere il centro dell'involucro.
7. Piega le estremità dell'involucro verso il centro. Facoltativo: alcuni cuochi lasciano aperte le estremità del torrone in modo che diventino molto croccanti una volta fritte.
8. Continuate ad arrotolare e sigillate le estremità aperte con un filo di albume per mantenere intatto il rotolo.
9. Spennellate il rotolo con l'albume e passatelo nello zucchero di canna.
10. Scaldare qualche centimetro di olio da cucina in una pentola capiente per friggere il turon.
11. Quando il turon viene a galla, toglilo delicatamente dall'olio bollente e

mettilo su un tovagliolo di carta per far scolare l'olio in eccesso.

48. Yakitori (Giappone)

Ingredienti:

- 3 once fluide sate
- 6 once fluide di salsa di soia
- 1-1/2 once fluide di mirin (un dolcificante a base di alcol, 14% di alcol)
- 2 cucchiai di zucchero

Indicazioni:

1. Mescolare tutti gli ingredienti insieme in un pentolino e portare a bollore.
2. Prepara una griglia riscaldata (una griglia giapponese hibachi va bene). Mettere gli spiedini sui carboni ardenti (come in un barbecue) facendo attenzione a non far bruciare gli spiedini e bagnare con la salsa una volta che i succhi di pollo hanno iniziato a colare.
3. Ripetere l'operazione più volte fino a quando il pollo è cotto, quindi mangiare dallo spiedo, preferibilmente ancora caldo.

49. Yellow Man Irish Toffee (Irlanda)

Ingredienti:

- 1 oncia di burro
- 8 once di zucchero di canna
- 1 libbra di sciroppo d'oro
- 1 cucchiaino di bicarbonato di sodio
- 1 cucchiaino di aceto
- 1 cucchiaino d'acqua

Indicazioni:

1. Sciogliere il burro in una casseruola, quindi aggiungere lo zucchero, lo sciroppo d'oro, l'acqua e l'aceto. Mescolate finché tutti gli ingredienti non saranno sciolti. Quindi far bollire la miscela fino a raggiungere uno stadio noto come "crepa dura".

2. Per testare la crepa dura, versa un po' del composto dalla ciotola principale in una bacinella di acqua fredda fino a quando non si raffredda, quindi raccogli e strofina tra dito e pollice. Quando il dito e il pollice sono separati, il filo di caramello dovrebbe

rompersi bruscamente. Oppure usa un termometro per caramelle.

3. A questo punto aggiungete il bicarbonato di sodio, che dovrebbe far schiumare il composto.
4. Sformare il composto su una teglia da lastre oliata o infarinata. Quando sarà abbastanza fredda da poter essere maneggiata, tirare il composto con le mani imburrate fino a quando non avrà un colore pallido/chiaro.
5. Quando è completamente duro, tagliatelo a pezzetti.

50. Boulanee (Afghanistan)

Ingredienti:
- 1 libbra di farina bianca setacciata
- 1 tazza d'acqua
- 3 cucchiaini di sale
- 2 libbre di patate, bollite e schiacciate
- 2 once di cipolle verdi, tritate finemente
- 1 cucchiaino di pepe nero
- 1/4-1/2 tazza di olio vegetale per friggere

Indicazioni:

1. In una terrina mettete la farina e un cucchiaino di sale. Aggiungere lentamente quanta acqua occorre e mescolare fino a formare un impasto sodo.

2. Mettere l'impasto su un piano di lavoro pulito e impastare per circa 5-10 minuti fino a quando l'impasto non sarà elastico, liscio e lucido. Formate una palla con l'impasto, coprite con un canovaccio umido e lasciate riposare per almeno mezz'ora.

3. Mondate e lavate le patate e lessatele in acqua salata fino a quando saranno morbide. Scolare l'acqua e schiacciare bene. Unire le cipolle verdi, il sale e il pepe nero.

4. Dividere l'impasto in tre o quattro palline. Stendete ogni pallina il più sottilmente possibile su una superficie leggermente infarinata (lo spessore non deve essere superiore a 1/16 pollici (1-1/2 mm) - se l'impasto è troppo spesso, ilboulanée sarà dura).

5. Prendi un taglierino rotondo di 13-15 cm (è possibile utilizzare un coperchio di una padella o un coperchio di latta) e ritaglia quanti più rotondi possibile. Il numero diboulanée dipenderà da quanto sottilmente verrà stesa la pasta e dalla dimensione della taglierina utilizzata.

6. Su metà di ogni giro, spalmare circa uno o due cucchiai del composto di purè di patate. Inumidire i bordi dell'impasto, piegare e sigillare. Ilboulanéedeve essere steso su una

superficie leggermente infarinata fino al momento di friggere. Non metterne uno sopra l'altro perché si attaccheranno.

7. Quando tutto il boulanée sono pronti e siete pronti per servirli, fate scaldare abbastanza olio vegetale in una padella e friggetene uno o due alla volta a fuoco medio-caldo, facendo dorare da entrambi i lati. Vanno serviti croccanti e caldi, direttamente dalla padella, ma possono essere tenuti in forno caldo fino a quando non saranno tutti finiti.

8. ne fa circa 15.

PORTATA PRINCIPALE

51. Croccante Lonza Di Maiale (Danimarca)

Ingredienti:
- 5 libbre di lonza di maiale disossata, incisa, con cotenna
- 2-3 cucchiai di sale

Indicazioni:
1. Preriscaldare il forno a 390°F
2. Assicurati che la cotenna sia intaccata dappertutto. Strofinare con sale grosso.
3. Metti la lonza di maiale in una teglia. Aggiungi una tazza d'acqua.
4. Inserire un termometro per carne al centro della lonza e arrostire per 1-1/2 ora o fino a quando il termometro non registra 180°F.
5. Controlla se il crepitio è croccante. In caso contrario, alza il forno a 480-580°F e continua a cuocere fino a quando il termometro non registra 180°F.

52. Pollo alla Kiev (Ucraina)

Ingredienti:
- 4 petti di pollo, circa 1/2 libbre ciascuno
- Sale e pepe a piacere
- 1/4 di libbra (8 cucchiai) di burro, ammorbidito
- 1 cucchiaino di erbaccia di aneto, tritata finemente
- 1 cucchiaino di prezzemolo a foglia piatta, tritato finemente
- 1 tazza di farina
- 2 uova, sbattute
- 2 tazze di pangrattato fine
- Olio per friggere

Indicazioni:

1. Stendete i petti di pollo su un foglio di pellicola trasparente e batteteli delicatamente con un batticarne fino a quando saranno abbastanza sottili. Cospargere con sale e pepe a piacere.
2. Mettere il burro morbido in una ciotola e, con una forchetta o con le dita, mescolare bene l'aneto e il prezzemolo.

3. Formare un rotolo con il burro e metterlo in freezer per circa 10-20 minuti fino a quando non si sarà indurito, ma non congelato.
4. Quando si sarà indurito, togliere il burro dal congelatore e dividerlo in quattro rotoli di uguali dimensioni.
5. Disporre ogni rotolo sul lato lungo di ogni petto di pollo. Spingere i lati corti verso il centro, piegare il lato lungo del petto sul burro e arrotolare bene. Quando tutto è pronto, mettete i petti in frigorifero per circa un'ora, finché non saranno freddi.
6. Quando è pronto per la cottura, scalda da 1-1/2 a 2 pollici di olio in una padella profonda e pesante fino a 350 ° F.
7. Sbattere l'uovo in una ciotola e mettere la farina in un piatto, il pangrattato in un altro. Passate il petto di pollo nella farina, poi nel composto di uova e poi nel pangrattato fino a quando non sarà ben ricoperto. Mettere in olio

bollente e friggere per sei-sette minuti fino a doratura. Assicurati che il pollo sia ben cotto.

8. A cottura ultimata, togliere dalla padella e scolare su carta assorbente.

9. Serve quattro.
10. Servire con cetrioli affettati o cavolo cappuccio grattugiato.

53. Manzo Plov (Bukhara, Uzbekistan)

Ingredienti:

- 1/2 tazza di olio vegetale
- 3 cipolle grandi sbucciate e affettate
- 1-1/2 libbre di manzo per lo stufato tagliato a cubetti da un pollice
- 6 carote sbucciate e tagliate a listarelle spesse
- 2-1/2 tazze di riso
- 3 tazze di acqua bollente, circa
- Sale e pepe a piacere
- 2 cucchiaini di semi di cumino
- 1 testa d'aglio spezzata in più spicchi non sbucciati

Indicazioni:

1. Scaldare l'olio in una grande casseruola pesante o in un forno olandese.
2. Soffriggere le cipolle per quattro o cinque minuti a fuoco basso e aggiungere la carne. Rosolare bene su tutti i lati mescolando spesso per 10 o 12 minuti.

3. Disporre le carote sopra il composto di carne e cipolla, ma non mescolare.
4. Mettere il riso sopra le carote e versare con cura l'acqua bollente lungo i lati della pentola. Dovrebbe arrivare a un pollice sopra la superficie del riso.
5. Cospargete di sale, pepe e cumino e mescolate accuratamente in modo che le spezie si amalgamino solo con il riso e la carne e le verdure rimangano indisturbate.
6. Portare la miscela a ebollizione, ridurre la fiamma a un livello medio-basso, aggiungere gli spicchi d'aglio, coprire la pentola e far sobbollire per 40 minuti finché la maggior parte dell'acqua non sarà evaporata. Verificare che la miscela non bruci.
7. Lascia bollire la pentola dell'acqua a fuoco abbastanza alto finché l'acqua non è evaporata per circa 15-20 minuti.
8. Fate diversi buchi nel riso con un cucchiaio di legno per far evaporare

l'acqua sul fondo della padella. Sformare lo strato di riso senza toccare le verdure o la carne. Ridurre il fuoco al minimo, coprire bene la pentola e cuocere a vapore il plov fino a quando il riso è tenero, circa 20-30 minuti in più.

9. Togliete dal fuoco e lasciate riposare per cinque minuti prima di servire. Mettere il riso su un ampio piatto da portata e adagiarvi sopra la carne e le verdure.

10. Serve sei.

54. Fagioli Neri (Guatemala)

Ingredienti:

- 1/2 libbra di fagioli neri secchi
- 1 cipolla piccola, tritata
- 1 spicchio d'aglio tritato
- 1 foglia di alloro
- 4 tazze di brodo di pollo
- Sale a piacere

Indicazioni:

1. Mettere i fagioli secchi in una padella profonda con il resto degli ingredienti.
2. Portare a bollore il brodo, abbassare la fiamma e cuocere i fagioli lentamente per circa due ore, o finché non saranno teneri. Aggiungere sale a piacere. Eliminare la foglia di alloro prima di servire.
3. Servire con tortillas fresche, panna acida, salsa piccante, a piacere.

55. Granchio al pepe nero (Singapore)

Ingredienti:

- 3 granchi (circa 1 libbra ciascuno)
- 2 tazze di olio
- 2 cucchiai di burro
- 2 scalogni, affettati sottili
- 2 spicchi d'aglio, tritati finemente
- 1 cucchiaio di semi di soia salati, schiacciati
- 2 cucchiai di gamberi secchi, arrostiti e macinati
- 2 cucchiai di pepe nero macinato
- 10 peperoncini rossi o verdi a volo d'uccello (tailandesi) o peperoncini arboles
- 2 cucchiai di salsa di soia nera
- 3 cucchiai di zucchero
- 2 cucchiai di salsa di ostriche

Indicazioni:

1. Tagliare i granchi a metà e schiacciare le chele con un cracker per granchi o una mazza.

2. Scaldare l'olio in una padella profonda e pesante o nel wok a circa 350 ° F. Friggere i granchi uno alla volta fino a quando ciascuno è cotto a metà; scolare e mettere da parte.

3. In un wok, scaldare il burro fino a quando non sarà caldo. Aggiungere lo scalogno, l'aglio, i semi di soia salati, i gamberi secchi, il pepe nero e i peperoncini e far rosolare finché lo scalogno non diventa trasparente.

4. Aggiungere il granchio, la salsa di soia nera, lo zucchero e la salsa di ostriche e cuocere per cinque minuti o fino a quando i granchi sono cotti.

5. Serve quattro.

56. Channa bollita (Guyana)

Ingredienti:

- 2-3 cucchiai di olio vegetale per friggere
- 1 cipolla bianca media, tagliata ad anelli sottili
- 2 lattine (15-16 once) di ceci
- 1 peperoncino rosso uccello, tritato finemente
- 1 cucchiaino di cumino macinato
- 2 cucchiaini di coriandolo macinato
- Salare a piacere, se necessario

Indicazioni:

1. Scaldare l'olio in un wok o in una padella.
2. Friggere le cipolle fino a doratura.
3. Unite i ceci scolati e fateli rosolare brevemente.
4. Aggiungere il peperoncino e le spezie e continuare a soffriggere per un minuto o due.
5. Assaggiate di sale e aggiungetene un po' se necessario. I ceci in scatola sono generalmente abbastanza salati.

6. Servire caldo o a temperatura ambiente come spuntino, con salsa di peperoni dell'India occidentale pronta opzionale se ti piace il cibo molto piccante. (Messicanohabanero buona anche la salsa.)

7. Serve da quattro a sei.

57. Polpette Di Carne Fritte (Germania)

Ingredienti:
- 1/4 libbra di maiale macinato
- 1/4 libbra di carne macinata
- 1 uovo
- 1 cipolla media, tagliata a dadini
- Una metà di un rotolo bianco, imbevuto nel latte, strizzato e fatto a pezzi
- Sale e pepe a piacere
- Pizzico di noce moscata
- 1/2 tazza di briciole di pane fini
- 2-4 cucchiai di burro per friggere

Indicazioni:
1. Mescolare la carne con la cipolla, l'uovo e il pane e condire.
2. Formate quattro polpette semisferiche, adagiatevi il pangrattato e arrotolatele bulette in essi fino a ricoprirli.
3. Sciogliere il burro in una padella capiente e friggere bulette nel burro fino a cottura ultimata.
4. Serve quattro.

58. Zuppa Di Noodle Con Polpette Di Pesce (Hong Kong)

Ingredienti:

- 6 tazze di brodo di pollo
- 1 pezzo da un pollice di zenzero fresco, sbucciato, affettato
- Anice 2 stelle
- 2 cucchiai di salsa di soia
- 2 cucchiaini di zucchero di canna
- 1-1/2 libbre di filetto di pesce bianco disossato, privato della pelle, tritato grossolanamente
- 1/2 tazza di coriandolo, tritato
- 1 cucchiaino di scorza di lime finemente grattugiata
- 1 spicchio d'aglio, schiacciato
- Tagliatelle tailandesi da 1/2 libbra
- 4 once di piselli, tagliati a fette sottili
- Coriandolo fresco per guarnire

Indicazioni:

1. In una padella capiente, portare il brodo, lo zenzero, l'anice stellato, la salsa di soia e lo zucchero a ebollizione a fuoco alto, quindi

abbassare la fiamma e far sobbollire, coperto, per 15 minuti.

2. Metti il pesce, il coriandolo, la scorza di lime e l'aglio nella ciotola di un robot da cucina. Condire con sale e pepe. Procedi fino a quando non è combinato.

3. Al termine, togliere il composto di pesce dal robot e formare delle polpette con un cucchiaio di composto di pesce.

4. In un'ampia padella con coperchio, coprire i noodles con acqua bollente e lasciarli riposare finché sono teneri (da cinque a sette minuti). Separare le tagliatelle con una forchetta e scolarle.

5. Filtrare il brodo e rimettere in padella a fuoco medio.

6. Aggiungere le polpette di pesce al brodo e cuocere, mescolando, per 8-10 minuti.

7. Aggiungere le taccole e cuocere finché non saranno tenere (circa un minuto).

8. Dividere le tagliatelle tra le ciotole e la zuppa di mestolo sulle tagliatelle. Guarnire con il coriandolo; servire.

9. Serve quattro.

59. Zuppa Di Mais (Trinidad)

Ingredienti:

- 2 spighe di mais fresco
- 1/2 tazza di lenticchie, non cotte
- 1-2 tazze di ortaggi a radice, tagliati piccoli (igname, manioca, taro, patata dolce, banana verde)
- 1/2 tazza di carota a dadini
- Sale (a piacere)
- Sale di sedano (a piacere)
- 1-2 cucchiaini di salsa piccante al peperoncino (o a piacere)
- Acqua per far bollire dal, circa 2 tazze
- 1 tazza di zucca matura, sbucciata e tagliata a cubetti
- 1/2 cucchiaino di timo
- 1-12 once possono latte di cocco
- (Olio d'oliva da spruzzare sopra, facoltativo)
- Foglie di coriandolo/coriandolo tritate o chadon-béni/culantro, se ce l'hai

Indicazioni:

1. Lessate le spighe di granoturco in acqua non salata. Tagliare a pezzi rotondi con un coltello da taglio.
2. Mettere il dal in una padella profonda e coprire il dal con acqua. Quando è morbido, aggiungi la zucca, le verdure a radice e la carota, il sale, il timo e la salsa di peperoncino piccante. Cuocete fino a che non saranno morbide ma non disintegrate. Le verdure dovrebbero mantenere la loro forma.
3. Aggiungere i pezzi di mais e il latte di cocco e cuocere a fuoco lento. Assicurati che la zuppa non sia troppo densa. Se lo è, aggiungi acqua.
4. Un filo d'olio d'oliva sopra. Cospargere con le foglie di coriandolo/chadon-béni tritate.

60. Dakkochi (Corea)

Ingredienti:
- 8 cosce di pollo disossate e senza pelle

Marinata
- 4 cucchiai di salsa di soia
- 4 cucchiai di soju (vino coreano)

Salsa
- 6 cucchiai di gochujang (pasta di peperoni rossi)
- 4 cucchiai di gochucharu (peperone in polvere)
- 4 cucchiai di salsa di soia
- 4 cucchiai di soju (vino coreano)
- 2 cucchiai di olio di sesamo
- 2 cucchiai di zenzero grattugiato
- 2 cucchiai di miele
- 1 tazza di pera asiatica tagliata a dadini

Indicazioni:

1. Tagliate il pollo a bocconcini e coprite con la marinata per almeno un'ora.

2. Unire tutti gli ingredienti della salsa in un frullatore e frullare fino a quando non

si saranno amalgamati. Infilare i pezzi di pollo su spiedini di legno imbevuti e grigliare fino a cottura.

3. Togliete dal fuoco e, aiutandovi con un pennello, stendete la salsa sul pollo. Lasciare riposare il pollo per almeno 10 minuti.

4. Mettere su una griglia riscaldata e cuocere fino a quando il pollo è leggermente carbonizzato, ma ben cotto.

61. Pesce & Chips (Gran Bretagna)

Ingredienti:

- 2 tazze o più di olio vegetale per friggere
- 4 once (1/2 tazza) di farina
- Pizzico di sale
- 2 uova, sbattute
- 1 tazza di latte
- 1 tazza d'acqua
- Circa 2 libbre di patate grandi
- 4 filetti di merluzzo o eglefino, del peso di circa 8 once ciascuno
- Aceto di malto
- Sale a piacere

Indicazioni:

1. Prepara una friggitrice con 2 tazze di olio riscaldate a 335 ° F
2. Iniziare a scaldare l'olio in una friggitrice.
3. In una ciotola mettete la farina e il sale e incorporate le uova sbattute. Aggiungere gradualmente il latte e l'acqua fino a quando il composto non assomiglia a una crema sottile.

Mettere da parte e lasciare riposare per qualche ora.

4. Allo stesso tempo, sbucciate le patate e tagliatele a listarelle, lunghe 1/2 pollice e larghe 3/4. Utilizzare una friggitrice per grassi e riscaldare l'olio a 335 ° F. Mettere le strisce di patate in un cestello e sbollentarle, friggendole finché non saranno tenere ma ancora chiare. Non farli dorare.

5. Togliere il cestello dall'olio, scolare e lasciare raffreddare. Un frigorifero è il migliore per questo.

6. Quando è pronto da mangiare, riscalda l'olio o il grasso a 365 ° F. Immergete il pesce nella pastella, mettetelo nel cestello e fatelo soffriggere con cura nel grasso bollente. Friggere fino a doratura e croccante. Drenare.

7. Quindi friggere le patatine sbollentate per alcuni minuti fino a quando non saranno croccanti e dorate. Drenare.

8. Cospargere ogni porzione con sale e aceto di malto, quindi avvolgere in carta da forno e poi carta di giornale.

9. Serve quattro.

62. Straccetti Di Pollo Fritto (Africano)

Ingredienti:

- 2 libbre di petto di pollo disossato
- 1-1/2 cucchiaino di paprika
- 1 cucchiaino di sale
- 1 cucchiaino di pepe
- 1-1/2 tazze di farina
- 1-2 uova, sbattute
- 1/2 tazza di latte
- 2 tazze di olio vegetale

Indicazioni:

1. Metti il pollo in una ciotola capiente. Condire le strisce di pollo crudo con paprika, pepe e sale.
2. Infarinate il pollo mettendolo in un sacchetto (di carta o di plastica) con metà della farina e scuotendolo per ricoprirlo.
3. Sbattere le uova in una ciotola. Rimuovere le strisce di pollo dal sacchetto. Passare le strisce di pollo infarinate nell'uovo. Sfornare e rimettere le strisce nella farina.

Togliere i pezzi di pollo dal sacchetto e scrollarsi di dosso la farina in più.

4. Lasciate riposare le striscioline di pollo per alcuni minuti in modo che la copertura aderisca.
5. Scaldare l'olio in una padella profonda.
6. Testare la temperatura dell'olio versando un po' di farina, che deve prendere colore, non bruciare. Aggiungere il pollo all'olio.
7. Cuocete bene per circa quattro minuti, girando di tanto in tanto, fino a doratura su tutti i lati. Sfornare, scolare su una gratella e servire caldo.
8. Serve 10-12.

63. Frieten Met Maionese (Belgio)

Ingredienti:

- 3 libbre di patate
- Grasso di manzo per friggere

Indicazioni:

1. Prepara una padella con almeno 1 tazza di olio riscaldata a 320 ° F.
2. Sbucciare le patate e assicurarsi che tutte le macchie scure siano state rimosse.
3. Risciacquare con acqua fredda.
4. Tagliateli a spicchi di 1/2 pollice.
5. Asciugateli con un canovaccio (o molta carta da cucina).
6. Scaldare l'olio a 320°F.
7. Mettere le patate nel cestello della friggitrice. Immergili nell'olio in lotti per cinque minuti.
8. Scolarli dall'olio e metterli su carta da cucina e lasciarli riposare per circa 30 minuti (la maggior parte dell'olio sarà assorbito dalla carta).

9. Nel frattempo riscaldare l'olio a 180°C e aggiungere altro olio se necessario.
10. Mettere le patate nel cestello e friggerle di nuovo finché non diventano croccanti e dorate (solo uno o due minuti).
11. Fateli scolare nuovamente su carta assorbente o in un colino a rete metallica prima di servirli.
12. Servire con sale e maionese.

13. Serve quattro.

64. Ful Meddames (Mash Egypt)

Ingredienti:

- 1 libbra di fave secche, messe a bagno per una notte
- 1 cucchiaio di aceto di mele crudo
- 3 cucchiai di tahin
- 6 spicchi d'aglio, tritati
- 1 cucchiaio di cumino in polvere
- 1 cucchiaio di semi di coriandolo macinati
- Succo di 2 grandi lime persiani
- Olio extravergine di oliva, sale e pepe a piacere
- 1 pomodoro fresco grande, tritato finemente
- 1 cetriolo, sbucciato e tagliato a dadini
- 3-4 cipolle verdi, tritate
- Mazzo di prezzemolo, tritato

Indicazioni:

1. Immergere un chilo di fave secche per una notte in acqua tiepida con un cucchiaio di aceto di mele.
2. Dopo l'ammollo, scartare l'acqua e sciacquare bene i fagioli. Aggiungere i

fagioli in una pentola capiente e coprire con acqua. Portare a ebollizione, quindi cuocere a fuoco medio-basso per 4-5 ore in un normale fornello o 1,5 ore in una pentola a pressione.

3. Se si utilizza una normale pentola da cucina, controllare il livello dell'acqua ogni poche ore, aggiungendo acqua calda quando l'acqua si sta esaurendo a causa dell'evaporazione.

4. Quando la pelle intorno al fagiolo è diventata abbastanza morbida da poter essere masticata, i fagioli sono ben cotti.

5. Togliere dal fuoco. Tritare finemente sei spicchi d'aglio e aggiungerli ai fagioli.

6. Aggiungere tre cucchiai di tahini e mescolare bene. Aggiungere il cumino, il coriandolo, il sale, il pepe, l'olio d'oliva, il succo di lime e mescolare. Utilizzare un frullatore a immersione per frullare i fagioli con i condimenti.

7. Per l'insalata di accompagnamento, tagliare a cubetti il pomodoro e tritare il cetriolo, le cipolle verdi e il prezzemolo.
8. Servire i fagioli schiacciati caldi in una ciotola, conditi con insalata tritata e insieme alla pita calda e tostata.
9. Serve da quattro a sei.

65. Irio (Kenya)

Ingredienti:

- 2 libbre di patate, tritate
- 16 once di piselli, freschi o congelati
- 16 once di chicchi di mais, freschi o congelati
- 8 once di cavolo cappuccio, bietole o spinaci
- 1 cipolla grande tritata
- 8 once di piselli dagli occhi neri cotti
- 1 cucchiaino di sale

Indicazioni:

1. Metti le patate in acqua a sufficienza da coprirle. Portare a bollore e cuocere per circa 20 minuti, fino a quando le patate non diventano un po' morbide.
2. Aggiungere il mais, il cavolo e la cipolla. Aggiungi sale. Riportare a bollore, abbassare la fiamma e cuocere a fuoco lento finché le patate non saranno cotte, circa 20 minuti.

3. Scolare l'acqua rimasta e cuocere a fuoco lento finché non sarà tenera (circa 30 minuti).
4. Schiacciatele in padella con uno schiacciapatate. Regolare di sale a piacere.

5. Serve quattro.

66. Pollo Kabirajio (India)

Ingredienti:
- 5 peperoncini verdi
- 1 cipolla piccola
- Succo di 1 lime
- 1 cucchiaio di pasta di zenzero (disponibile nei negozi di alimentari indiani)
- 1 cucchiaino di cumino macinato
- 1 cucchiaino di coriandolo macinato
- 2 cucchiaini di sale
- 1/2 cucchiaino di curcuma macinata
- 10 mezzi petti di pollo o cinque petti interi
- 3 uova
- 2 cucchiai di farina
- 2 cucchiaini di pangrattato finissimo
- Olio per friggere poco profonde

Indicazioni:

1. Macina la cipolla, i peperoncini e il succo di lime per fare una pasta.
2. Mescolare la pasta macinata con la pasta di zenzero, le spezie macinate e 1 cucchiaino di sale

3. Cattura i petti di pollo con la pasta di spezie. Coprite la ciotola e fate marinare in frigorifero per almeno due ore.
4. Sbattete bene le uova, passate i petti di pollo nel composto di uova, poi nella farina e infine nel pangrattato.
5. In una padella profonda e pesante, scaldare l'olio fino a quando non fuma. Ricoprire il pollo con la pastella, metterlo nell'olio, abbassare il fuoco a medio e cuocere fino a quando il pollo è cotto, circa 15 minuti.
6. Serve da quattro a sei.

67. Nihari (stufato di manzo, Pakistan)

Ingredienti:
- 2 cipolle grandi, affettate
- 1 cucchiaio di olio
- 1 libbra di carne di manzo disossata, tagliata a cubetti da 1-1/2 pollice di zenzero fresco da un pollice
- 3 spicchi d'aglio
- 1 cucchiaino di peperoncino in polvere
- 1 cucchiaino di sale
- 2 cucchiaini di farina

Garam Masala (miscela di spezie)
- 6 chiodi di garofano
- 1 cucchiaino di semi di cumino
- 8 semi di cardamomo nero, rimossi dai baccelli
- 8 grani di pepe nero
- 1 pezzo di bastoncino di cannella da due pollici

Contorno
- Zenzero affettato, peperoncini verdi affettati, foglie di coriandolo fresco tritate

Indicazioni:

1. Scaldare l'olio in una padella pesante. Aggiungere le cipolle e cuocere per cinque o sei minuti fino a quando non diventano dorate.
2. Aggiungere la carne, cuocere a fuoco medio per 30 minuti, mescolando spesso.
3. Frullare lo zenzero e l'aglio con un po' d'acqua in un robot da cucina fino a ottenere un composto liscio. Aggiungere alla carne e cuocere altri 10 minuti. Aggiungere il peperoncino in polvere e il sale e cuocere altri 30 minuti.
4. Nel frattempo, macinare le spezie per ottenere una polvere fine. Mescolare la farina e le spezie con un po' d'acqua, unire il composto di manzo e aggiungere quattro tazze d'acqua.
5. Mescolare bene e cuocere, ben coperto, a fuoco molto basso per circa un'ora o finché la carne non sarà tenera.

6. Prima di servire, aggiungere la guarnizione e servire con naan o altra focaccia.

7. Serve quattro.

68. Nohutlu Pilav (Riso Pilaf, Tacchino)

Ingredienti:
- 1 tazza di ceci
- 2 tazze di riso a grana corta
- Acqua calda per coprire il riso
- 1 cucchiaino di sale
- 3 tazze di brodo di pollo
- 4 cucchiai di burro
- Sale a piacere
- Pepe qb

Indicazioni:

1. Mettere i ceci in una padella e coprire con acqua fredda. Immergere durante la notte.
2. Il giorno successivo, scolare l'acqua e ricoprire i ceci con l'acqua. Mettere sul fuoco, portare a bollore, quindi abbassare la fiamma e cuocere i ceci finché non saranno teneri. Mettere da parte a raffreddare. Scolate i ceci ed eliminate la pelle con le dita il più possibile.
3. Mettere a bagno il riso in acqua calda ma non bollente con un cucchiaino di

sale. Quando sarà fredda, scolatela e sciacquatela sotto l'acqua fredda fino a quando l'acqua non sarà limpida.

4. Portare a bollore il brodo, aggiungere i ceci e il burro. Quando bolle, unire il riso e un cucchiaino di sale. Coprire e abbassare la fiamma al minimo.

5. Lasciate sobbollire fino a quando tutto il liquido sarà assorbito dal riso, circa 20 minuti. Piccoli buchi appariranno sulla superficie del riso quando il liquido sarà assorbito.

6. Togliere dal fuoco e mettere alcuni strati di carta assorbente sotto il coperchio e coprire di nuovo. Mettere da parte circa 10-15 minuti. Prima di servire, mescolare delicatamente per mantecare il riso. Cospargete di pepe nero a piacere.

7. Serve sei.

69. Curry di patate (India)

Ingredienti:

- 1-1/2 cucchiai di olio vegetale
- 1 cucchiaino di semi di cumino
- 2 cucchiaini di curcuma in polvere
- 1-2 cucchiaini di peperoncino in polvere
- 1 libbra di patate, bollite, sbucciate e tagliate a cubetti
- Sale a piacere
- 3 tazze di acqua calda

Indicazioni:

1. Scaldare l'olio in un wok a fuoco medio. Quando è caldo, soffriggete le spezie per 30 secondi. Non bruciarli.
2. Aggiungere le patate, poi l'acqua calda. Cuocere a fuoco medio, mescolando spesso fino a quando il sugo risultante non si addensa. Aggiungi più acqua se necessario.
3. Servire con puri (un pane indiano fritto) e un chutney.
4. Serve quattro.

70. Riso e Fagioli (Belize)

Ingredienti:

- 1/2 libbra di fagioli rossi, messi a bagno per una notte
- 4 tazze d'acqua
- 1 cucchiaino di sale
- 2-4 spicchi d'aglio, schiacciati e tritati
- 1 cipolla grande, tritata grossolanamente
- 2 once di maiale salato o manzo salato
- 2 cucchiaini di timo fresco, tritato
- 1 tazza di latte di cocco
- 1 tazza di riso
- Pepe nero macinato a piacere

Indicazioni:

1. Mettere i fagioli inzuppati e scolati in una padella profonda con l'aglio, le cipolle e la carne salata. Coprire, portare a bollore, abbassare la fiamma e cuocere fino a quando i fagioli non saranno quasi cotti, circa un'ora.

2. Assicurati che il liquido sia ridotto a circa una tazza. Aggiungere il timo e il latte di cocco e portare a bollore.
3. Unire il riso, coprire, abbassare la fiamma e cuocere fino a quando il riso non sarà cotto, circa 20 minuti. Cospargete di pepe nero.
4. Serve quattro.
5. Per rendere questo veramente belizeano, servite con una salsa piccante, si preferisce l'habanero, ma fate molta attenzione.

71. Ris Graz (Riso Fritto, Burkina Faso)

Ingredienti:
- 3 spicchi d'aglio
- 4 pomodori, tritati
- 1/2 cipolla, tritata finemente
- 2 peperoncini piccanti
- Prezzemolo fresco, tritato
- 4 cucchiai di concentrato di pomodoro
- 1 litro di acqua
- 1 dado da brodo
- 2 tazze di riso
- 4 peperoni verdi, tritati
- Olio per friggere
- Sale e pepe nero, a piacere

Indicazioni:
1. Mettere nella ciotola di un robot da cucina. Lavorare aglio, pomodori, peperoncini, cipolla e prezzemolo per fare una pasta.
2. Versa mezzo bicchiere di olio in una padella capiente e versaci dentro la pasta di peperoncino. Mettere la padella con l'olio e il concentrato di

pomodoro su un fuoco medio-alto e cuocere per otto minuti.

3. Unire il concentrato di pomodoro. Aggiungere un litro d'acqua e il dado da brodo e portare a bollore mescolando.

4. Aggiungere il riso e i peperoni. Ridurre a bollore, coprire e cuocere per 15 minuti. Controllare l'acqua, ridurre a fuoco lento e continuare la cottura, coperta, per altri 10 minuti (tutta l'acqua dovrebbe essere assorbita).

5. Serve da quattro a sei.

72. Cardine Arrosto (Cambogia)

Ingredienti:

- 2 libbre di vongole, pulite e sciacquate
- 1/2 tazza di olio d'oliva
- 2 cucchiaini di sale kosher
- 2 peperoncini, tritati
- 1 spicchio d'aglio, tritato
- 2 cucchiai di succo di lime

Indicazioni:

1. Preriscaldare il forno a 450°F.
2. Mettere le vongole preparate in una teglia poco profonda e cuocere per 5-10 minuti, fino a quando non si aprono (scuotendo di tanto in tanto).
3. Nel frattempo, unire l'olio d'oliva e i condimenti in una casseruola a fuoco medio. Lasciar sobbollire per due o quattro minuti. Accantonare.
4. Scartare le vongole chiuse e mettere le vongole aperte e i loro succhi in una ciotola da portata. Condite con olio e servite.
5. Serve da sei a otto.

PANINI E IMPACCI

73. Sandwich di lonza di maiale (Danimarca)

Ingredienti:
- 2-4 fette di maiale arrosto con ciccioli
- 4 cucchiai di cavolo rosso in agrodolce
- 3 cucchiai di maionese di buona qualità
- 1 cucchiaio di senape forte e grossolana
- 2 sottaceti, affettati
- 1 mela signora
- Alcuni anelli di cipolla rossa (facoltativo)

Cavolo Rosso Agrodolce
- 1 cavolo rosso medio
- 1/2 bottiglia di vino rosso
- Spezie: chiodi di garofano, alloro, stecca di cannella, pepe, anice stellato
- 2 cipolle
- Sale
- 3 cucchiai di grasso d'anatra o d'oca
- 2 tazze di aceto balsamico o di sidro
- 2 cucchiai di zucchero di canna, a seconda della dolcezza del vino e dell'aceto

Indicazioni:

1. Scaldare la lonza di maiale e il cavolo rosso se necessario.
2. Mescolare la maionese con la senape e spalmarla sulle fette di pane.
3. Disporre il cavolo rosso, la carne, i cetriolini affettati, la mela affettata e gli anelli di cipolla a strati su una fetta di pane e chiudere con l'altra fetta per formare un panino.
4. Far bollire il vino rosso con le spezie essiccate per 5 minuti e lasciare in infusione per 15 minuti.
5. Eliminate il gambo della testa del cavolo cappuccio, se presente, e sminuzzatelo. Mondate e tritate la cipolla.
6. Soffriggere il cavolo cappuccio rosso e la cipolla nel grasso d'oca in una padella ampia dal fondo spesso.
7. Versare il vino rosso attraverso un colino per eliminare le spezie in padella e aggiustare di sale.
8. Lasciare sobbollire per almeno un'ora: la cottura di diverse ore darà un

cavolo morbido e meravigliosamente gustoso.

9. Condire il cavolo rosso con aceto e zucchero.

10. Serve due.

74. Panino Di Pesce Piccante (Libano)

Ingredienti:

- 2 libbre di filetto di pesce di mare bianco
- 3 cucchiai di olio extravergine di oliva
- 4 spicchi d'aglio, schiacciati
- 1 tazza di coriandolo tritato finemente
- 1/2 cucchiaino di coriandolo macinato
- 1/2 cucchiaino di cumino macinato
- 1/2 cucchiaino di peperoncino tritato

Per la salsa Tarator

- 1/2 tazza di tahin
- Succo di 1 limone, o a piacere
- 1/2 tazza d'acqua
- Sale marino

Per la salsa all'aglio

- 5 spicchi d'aglio grandi
- 1 patata media, bollita e schiacciata
- 1/3 di tazza di olio extravergine di oliva
- 3-4 cucchiai di yogurt colato

Per i Panini

- 6 pita media

- 1 pomodoro medio, affettato sottilmente
- 1 tazza di lattuga grattugiata

Indicazioni:
1. Preriscaldare il forno a 180°C
2. Disporre il filetto di pesce, con la pelle rivolta verso il basso, su una griglia in una teglia. Cuocere il pesce per 25-30 minuti o fino a quando non è appena cotto. Non cuocere troppo il pesce o diventerà gommoso. Lasciate raffreddare. Sfaldare a pezzetti, coprire e mettere da parte.
3. Soffriggere l'olio, l'aglio, il coriandolo e il coriandolo macinato in una padella, mescolando continuamente, fino a quando l'aroma non si alza. Quindi aggiungere il cumino e il peperoncino. Mescolare bene e togliere dal fuoco.
4. Preparate il tarator mescolando gli ingredienti insieme, aggiustando di sale, fino ad ottenere una salsa cremosa, e versatela in un pentolino. Mettere a fuoco medio e portare a

bollore mescolando regolarmente. Quando la salsa inizia a bollire, aggiungere il coriandolo saltato e cuocere a fuoco lento per circa cinque minuti o finché non inizia a separarsi e l'olio sale in superficie. Togliere dal fuoco e lasciare raffreddare.

5. Scolare il liquido dal pesce, se presente, e aggiungerlo alla salsa tahini. Mescolate bene, poi assaggiate e aggiustate di condimento.

6. Preparare la salsa all'aglio schiacciando gli spicchi d'aglio con un po' di salsa in un mortaio usando un pestello. Unire la purea di patate, quindi irrorare lentamente con l'olio come per fare una maionese. Assaggiate la salsa e, se risulta troppo piccante, aggiungete lo yogurt colato e altro sale a piacere.

7. Aprire la pita all'altezza della cucitura e adagiarvi ogni due strati uno sopra l'altro, con il lato ruvido rivolto verso l'alto. Spalmare ogni cerchio superiore con un po' di salsa

all'aglio. Dividere il pesce in parti uguali tra le pita, cospargere la stessa quantità di pomodoro e lattuga sul pesce e cospargere con un po' di sale marino. Arrotola la pita sul ripieno di pesce e lascia ogni sandwich intero e taglialo in due in diagonale: puoi tostare leggermente il panino in un tostapane o contro una padella calda. Avvolgere le metà inferiori con un tovagliolo di carta e servire subito.

8. In alternativa, usate il pesce come guarnizione per i crostini. Tostare sei fette di pane nero o altro e spalmarle ciascuna con salsa all'aglio. Spalmate un po' di lattuga grattugiata sull'aglio e coprite con uguale quantità di composto di pesce. Spargere dappertutto una piccola quantità di pomodorini tagliati a dadini sottili e cospargere con un po' di sale marino. Servire subito con spicchi di limone.

9. Se volete fare il panino con il polpo, fate rosolare il coriandolo e l'aglio con tutti i condimenti come descritto nel testo seguente e aggiungete a

piacere il succo di limone. Una volta raffreddato, unire il polpo lessato e tritato. Preparate il panino con lo stesso contorno.

10. Serve sei.

75. Zapiekanka (Polonia)

Ingredienti:

- 1/2 libbra di funghi
- 4 cucchiai di burro
- 4 fette di gouda o mozzarella
- 6 fette di prosciutto o salame
- 1 cucchiaio di origano tritato
- 1 cucchiaio di paprika macinata, calda o delicata a piacere
- Ketchup e maionese a piacere

Indicazioni:

1. Tagliare il pane in quarti per fare quattro pezzi. Svuota un po' di perline per fare spazio al ripieno.
2. Sciogliere il burro in una padella pesante. Aggiungere i funghi e saltare fino a cottura.
3. Farcire ogni metà del pane con i funghi saltati.
4. Adagiate il formaggio sui funghi, poi sulle fette di carne.
5. Cospargere le metà del pane con origano e paprika.

6. Prepara una grigliata calda. Mettere il pane ripieno sotto la griglia per uno o due minuti o finché il formaggio non si scioglie.

7. Servire con ketchup; la maionese è facoltativa.

8. Serve due.

76. Panino Ripieno Di Pollo (Irlanda)

Ingredienti:
- Petto di pollo cotto a fette
- Padella bianca affettata (pane)
- Burro
- Maionese
- Ripieno

Indicazioni:

1. Spalmate due fette di pane bianco a fette con burro e maionese. Disporre sopra le fette di pollo cotto. Guarnire con il ripieno di prezzemolo e timo o salvia e cipolla. Tagliate a metà in diagonale e servite.
2. Per il ripieno fate appassire la cipolla tritata finemente nel burro fino a renderla morbida. Unite le erbe aromatiche tritate e il pangrattato e mescolate bene. Aggiustate di sale e pepe e fate cuocere lentamente fino a quando i sapori non si saranno amalgamati.

77. Burritos (Stati Uniti)

Ingredienti:

- 1/2 cipolla media, tritata grossolanamente
- 1 spicchio d'aglio, schiacciato e tritato finemente
- 1 libbra di carne macinata magra
- 2 cucchiaini di peperoncino in polvere
- 1/2 cucchiaino di cumino macinato
- Sale e pepe a piacere
- 1 lattina (16 once) di fagioli fritti
- Barattolo da 8-12 once Salsa di peperoncino messicana, rossa
- 6 grandi tortillas di farina

- Facoltativo: formaggio messicano grattugiato, panna acida, guacamole, pomodori a pezzetti, lattuga grattugiata.

Indicazioni:

1. Preriscaldare il forno a 350°F.
2. In una padella ampia a fuoco medio, soffriggete la cipolla e l'aglio fino a renderli trasparenti.

3. Aggiungere la carne macinata e cuocere fino a quando la carne non sarà dorata, mescolando spesso per rompere la carne. Scolare il grasso dalla padella.
4. Unire il peperoncino in polvere, il cumino, il sale e il pepe; cuocere a fuoco lento per 10 minuti. Aggiungere i fagioli fritti e metà della salsa di peperoncino. Scaldare bene.
5. Disporre le tortillas su una tavola o un piatto. Mettere circa 1/2 tazza della miscela di carne macinata su ciascuna tortilla, arrotolare e disporre su una teglia con la cucitura rivolta verso il basso. Fate lo stesso per il resto delle tortillas.
6. Mettere in forno preriscaldato e cuocere per 10 minuti. Sfornare e servire così com'è o con accompagnamenti facoltativi.
7. Serve sei.

78. Shawarma Ghanam (Libano)

Ingredienti:

- 1-3/4 libbre di agnello dalla spalla, affettato sottilmente (circa 3 tazze)
- 2 cipolle medie, affettate sottilmente
- Succo di 1 limone, o a piacere
- 4 cucchiai di olio extravergine di oliva
- 1/2 cucchiaino di cannella in polvere
- 1/2 cucchiaino di pimento macinato
- Pochi rametti di timo fresco, foglie
- Sale
- Pepe nero appena macinato
- 2-4 cucchiai di olio d'oliva, per soffriggere

Per i Panini

- 2-3 pita rotonde di circa 8 pollici di diametro o 4-6 ovali
- 4-6 pomodorini, affettati sottilmente
- 1/2 cipolla rossa di media grandezza, affettata molto sottile
- 4-6 cetriolini, tagliati a fettine sottili nel senso della lunghezza
- 1/2 cucchiaino di menta tritata finemente

- 1/2 cucchiaino di prezzemolo tritato finemente
- Salsa Tahini, a piacere

Indicazioni:

1. Mettere la carne in una ciotola capiente, aggiungere la cipolla, il succo di limone, l'olio d'oliva, le spezie, il timo, il sale e il pepe. Mescolare bene, quindi lasciare marinare in frigorifero per due o quattro ore, mescolando di tanto in tanto.
2. Metti una padella grande su fuoco medio-alto. Quando sarà ben caldo, aggiungete la carne e fate rosolare per un paio di minuti o comunque fino a quando non sarà di vostro gradimento.
3. Se stai usando pita rotonde, aprile alle cuciture per avere da quattro a sei cerchi separati. Disporre uguali quantità di carne al centro di ogni pane.

4. Guarnire con quantità uguali di pomodoro, cipolla, cetriolini ed erbe aromatiche e condire con salsa tahini a piacere. Arrotolare ogni panino abbastanza stretto. Avvolgere la metà inferiore dei panini con un tovagliolo di carta e servire subito.

5. Se stai usando la pita ovale, apri la cucitura per creare una grande tasca. Spalmare la metà inferiore con la salsa tahini e riempire ogni pane con uguali quantità di ingredienti per il sandwich. Servire subito.

6. Serve sei.

INSALATE E ZUPPE

79. Insalata Di Papaia Verde (Thailandia)

Ingredienti:

- 1/2 cucchiaino di pasta di gamberetti
- 2 cucchiai di olio vegetale
- 2 cucchiai di salsa di pesce
- 3 cucchiai di succo di lime
- 1 cucchiaio di zucchero
- 1/8 cucchiaino di peperoncino in scaglie
- 1 piccola papaia verde, grattugiata
- 2 tazze di germogli di soia
- 1-2 pomodori, tagliati a spicchi sottili o strisce lunghe
- 3 cipolle verdi, tagliate a strisce lunghe
- 1 tazza di fagiolini sbollentati
- Peperoncino rosso (per esempio, a volo d'uccello), senza semi, a piacere
- 1/2 tazza di basilico fresco, tritato
- 1/2 tazza di arachidi tostate
- Due rametti di coriandolo fresco

Indicazioni:

1. In una ciotola capiente, mescolare la pasta di gamberi, l'olio vegetale, la

salsa di pesce, il succo di lime, lo zucchero e i fiocchi di peperoncino.
2. Unisci la papaia, i germogli di soia, i pomodori, la cipolla, i fagiolini, il peperoncino e la maggior parte del basilico nella ciotola con il condimento. Lancia bene.
3. Aggiungere le noci e mescolare di nuovo.
4. Condire con coriandolo e basilico rimasto e servire subito.

5. Serve due.

80. Insalata Di Papaia (Laos)

Ingredienti:

- 2 tazze di papaia verde, tagliata a cubetti di circa 1/2 pollice quadrato
- 2 peperoncini, tritati
- 1 spicchio d'aglio, tritato
- 3 cucchiai di succo di lime
- 1 cucchiaino di scorza di lime
- 1 cucchiaino di salsa di pesce
- 3 cucchiai di zucchero

Indicazioni:

1. Mescolare la papaya tritata, i peperoncini e l'aglio in una ciotola.
2. In una ciotola separata, mescolare insieme il succo di lime, la salsa di pesce e lo zucchero fino a incorporarli tutti (in Laos, questi vengono messi nella ciotola di un mortaio e macinati con un pestello fino a ottenere una pasta).
3. Mescolare la miscela di lime con la miscela di papaya fino a ricoprire tutti i pezzi.

4. Servire fresco.
5. Serve quattro.

83. zuppa di noodle, Myanmar)

Ingredienti:

- 3 cucchiai di olio d'oliva
- 1 tazza di cipolla, tritata
- 3 spicchi d'aglio tritati finemente
- 1/2 once di zenzero fresco, tritato finemente
- 1 cucchiaino di citronella tritata finemente
- 1 cucchiaino di peperoncino in polvere
- 1 cucchiaino di curcuma macinata
- 1-1/2 litro di acqua
- 4 cucchiai di salsa di pesce
- 4 cucchiai di farina di riso
- 1 libbra di pesce gatto
- 1 libbra di spaghetti di riso

Indicazioni:

1. Scaldare l'olio in una padella profonda e pesante, aggiungere cipolla, aglio, zenzero, citronella, peperoncino in polvere e curcuma. Cuocere a fuoco medio fino a quando non sarà fragrante.

2. Aggiungere l'acqua, la salsa di pesce e la farina. Mescolare e portare a bollore, mescolando accuratamente. Ridurre a fuoco lento per 20 minuti.
3. Nel frattempo, tagliate il pesce gatto a tocchetti, aggiungetelo alla zuppa e cuocete per 10 minuti.
4. In una padella a parte, far bollire l'acqua e cuocere gli spaghetti di riso per circa cinque minuti fino a quando saranno teneri. Scolare e aggiungere alla zuppa.
5. Serve quattro.

81. Zuppa Di Tagliatelle Di Manzo (Vietnam)

Ingredienti:

Brodo
- 3 once di zenzero fresco, tagliato in 3-4 pezzi
- 1 cipolla grande, tagliata a metà
- 4 scalogni
- 3 libbre di coda di bue, tritata
- Stinco di manzo da 3 libbre
- 1-1/2 galloni d'acqua
- 1 libbra di ravanelli cinesi, tritati grossolanamente
- 3 carote, tritate grossolanamente
- 4 stelle anice (intero)
- 6 chiodi di garofano (interi)
- 2 bastoncini di cannella
- 1/4 tazza di nuoc mam (salsa di pesce)
- Sale a piacere

Per finire la zuppa
- 1/2 libbra di manzo tondo, tagliato a fette sottili attraverso il grano
- 1 libbra di spaghetti di riso essiccati

- 1 cipolla gialla grande, affettata sottilmente
- 2 cipolle verdi, tritate
- 2 peperoncini rossi, tritati
- 2 litri di acqua
- Contorno
- 1 tazza di coriandolo fresco
- 1/2 tazza di menta fresca
- 1 lime, a spicchi

Indicazioni:

1. Preriscaldare la griglia e cuocere alla griglia lo zenzero, la cipolla e lo scalogno su una teglia per uno o due minuti, o fino a doratura. Accantonare.
2. Metti le code di bue e gli stinchi di manzo in una padella ampia e profonda con 1-1/2 galloni d'acqua. Portare a ebollizione. Quando l'acqua bolle, schiumare la superficie fino a quando non sarà chiara e priva di schiuma, circa 10 minuti. Aggiungere lo zenzero, la cipolla e lo scalogno grigliati e i ravanelli, le carote e le spezie.

3. Coprire parzialmente e cuocere a fuoco medio 3-1/2 ore.
4. Lasciar raffreddare. Filtrare il brodo ed eliminare la carne e le verdure. Mettere da parte e conservare le verdure per utilizzarle in un altro contorno. Lasciare riposare il brodo in un luogo fresco: un frigorifero va bene. Quando il grasso sale in superficie, schiumare e scartare. Aggiungere la salsa di pesce e il sale. (rende circa otto tazze).
5. Ammollare le tagliatelle di riso per circa 15 minuti in acqua tiepida.
6. Portare a ebollizione il brodo e aggiungere la carne di manzo tagliata a fettine sottili, la cipolla affettata, la cipolla verde e i peperoncini. Portare a ebollizione, ridurre a fuoco medio e cuocere fino a quando la carne non sarà cotta, circa 10 minuti.
7. Nel frattempo, scaldare due litri (o più) d'acqua in una pentola capiente fino a farla bollire. Aggiungere le tagliatelle imbevute e cuocere per

uno o tre minuti. Scolare immediatamente.

8. Per servire, mettere le tagliatelle in una ciotola e coprire con brodo e verdure. Guarnire con coriandolo, menta e lime.

9. Serve da quattro a sei.

82. Zuppa Di Tagliatelle Di Manzo (Taiwan)

Ingredienti:

- 5 tazze d'acqua
- 1 tazza di salsa di soia
- 1/4 di tazza di zucchero di canna chiaro confezionato
- 2 cucchiaini di zenzero fresco
- 1 mazzetto di cipolle verdi
- 3 spicchi d'aglio, schiacciati
- 10 gambi di coriandolo fresco
- 1/2 tazza di coriandolo fresco sfuso
- 4 anice stellato intero
- 1/4 cucchiaino di peperoncino in scaglie
- 2-1/2 libbre di costine di manzo
- 2 tazze di brodo di pollo
- 10 once di spaghetti cinesi di farina di grano
- 1 tazza di germogli di fagioli mung freschi
- Rametti di coriandolo fresco

Indicazioni:

1. Portare l'acqua a ebollizione in una pentola da cinque a sei quarti.

Aggiungere la salsa di soia, lo zucchero di canna, lo zenzero, le parti bianche della cipolla verde, l'aglio, i gambi di coriandolo, l'anice stellato e i fiocchi di peperoncino, quindi abbassare la fiamma e far sobbollire, senza coperchio, per 10 minuti.

2. Aggiungere le costine e continuare a cuocere a fuoco lento, coperte, girandole di tanto in tanto, fino a quando la carne è molto tenera ma non si sfalda. Questo può richiedere fino a 2-1/2 ore; a cottura ultimata, lasciate riposare la carne nel liquido di cottura, scoperta, 1 ora.

3. Togliere la carne dal brodo e tagliarla a fette spesse 1/2 pollice.

4. Scremare il brodo di manzo ed eliminare i solidi; aggiungere il brodo di pollo e la carne e riscaldare la zuppa a fuoco moderatamente basso.

5. Cuocete i noodles in acqua bollente non salata finché non saranno teneri, quindi scolateli e aggiungeteli al brodo.

6. Guarnire con la parte verde delle cipolle verdi, i rametti di coriandolo e i germogli di fagioli mung.

7. Serve quattro come piatto principale.

DOLCI

83. Aloo Pie (Trinidad)

Ingredienti:

- 1 tazza di farina bianca
- 1 cucchiaino di lievito in polvere
- 3/4 cucchiaino di sale
- 1/2 tazza d'acqua (circa)
- 1/2 libbra di patate
- 1/4 cucchiaino di pepe nero
- Peperoncino rosso o salsa di peperoncino a piacere (facoltativo)
- 1/2 cucchiaino di cumino in polvere
- 1/2 cucchiaino di aglio tritato
- 1 tazza di olio vegetale

Indicazioni:

1. Setacciare la farina, il lievito e metà del sale, aggiungere l'acqua e impastare leggermente. Coprite con un canovaccio umido e tenete da parte.
2. Lessate le patate in acqua salata fino a quando saranno morbide con la buccia e schiacciatele.

3. Condire le purè di patate con il resto del sale, il nero, il cumino, l'aglio e il peperoncino o la salsa se usati.
4. Dividere l'impasto in quattro palline e appiattire ciascuna pallina in un cerchio di quattro pollici. (Possono anche essere ridotti se preferisci.)
5. Mettere due cucchiai di composto di patate su metà di ogni giro di pasta, piegarlo a formare una mezzaluna e sigillare i bordi con un po' d'acqua, quindi premendo con le dita o una forchetta.
6. Friggeteli uno ad uno in olio bollente per pochi secondi, capovolgeteli e cuoceteli fino a doratura.
7. Scolare su carta assorbente.
8. Fa quattro grandi aloo.

84. Galleggiante per torte (Australia)

Ingredienti:

- 1 cipolla grande marrone, tritata finemente
- 2 cucchiai di olio vegetale
- 1 libbra di carne magra tritata finemente o macinata
- 3/4 tazza di brodo di manzo o vegetale
- 1 cucchiaio di amido di mais
- Pizzico di sale
- Un pizzico di pepe
- 2 fogli di pasta frolla surgelata
- 2 fogli di pasta sfoglia surgelata
- 4 tazze di brodo di manzo
- 2 cucchiaini di bicarbonato di sodio
- 1 libbra di piselli secchi, messi a bagno per una notte in acqua a sufficienza da coprire
- 1 cucchiaino di bicarbonato di sodio

Indicazioni:

1. La sera prima mettete i piselli in una padella profonda, copriteli con acqua mista a bicarbonato di sodio e lasciate riposare per una notte.

Scolare quando è pronto per la cottura.
2. Preriscaldare il forno a 450°F.
3. In una casseruola fate soffriggere le cipolle in poco olio. Aggiungere la carne e farla rosolare.
4. Aggiungere il brodo, i condimenti e l'amido di mais. Cuocere a fuoco medio, mescolando continuamente per incorporare l'amido di mais fino a formare una salsa densa per circa cinque minuti.
5. Ungete quattro tortiere da 3 × 6 pollici. Taglia dei cerchi da 3 × 7 pollici dalla pasta frolla per rivestire le basi e i lati delle teglie. Farcire con la miscela di carne e sugo. Spennellare i bordi con acqua.
6. Taglia dei cerchi da 3 × 7 pollici dalla pasta sfoglia. Mettere sopra la carne. Premere per sigillare. Ordinare. Disporre le torte su una teglia calda.
7. Cuocere in forno preriscaldato per 20-25 minuti o fino a doratura.

8. Mentre le torte cuociono, preparate il sugo di piselli.
9. Lavate i piselli reidratati per eliminare lo sporco e metteteli in una casseruola con un cucchiaino di bicarbonato e il brodo di carne.
10. Portare a bollore e cuocere fino a quando i piselli saranno molto morbidi.
11. Schiacciare o frullare i piselli e mescolare il brodo fino alla consistenza di una zuppa densa.
12. Versare il sugo di piselli su un piatto da portata e adagiarvi sopra una torta bollente.

13. Fa quattro torte.

85. Fiadu (Suriname)

Ingredienti:

Impasto
- 1 libbra di farina bianca per tutti gli usi
- 1 cucchiaino di sale
- 1 confezione di lievito secco
- 4 cucchiai di burro
- 4 cucchiai di zucchero
- 2 uova, sbattute
- 8 once (1 tazza) di latte

Riempimento
- 8 once di uvetta
- 3-1/2 once di scorza candita
- 3 once di mandorle tostate
- Ananas in umido
- 2 cucchiai di zucchero
- 1 cucchiaino di cannella
- 4 cucchiai di burro, sciolto

Ananas in umido
- Lattine da 2 a 12 once ananas, sgocciolato
- 2 cucchiai di zucchero

- Succo di 1 limone

Indicazioni:
1. Preriscaldare il forno a 375°F.
2. Versare l'ananas in uno scolapasta, raccogliere il liquido.
3. Mettere le fette di ananas in una casseruola, aggiungere due cucchiai di zucchero e il succo di limone. Lasciare cuocere a fuoco basso per circa 30 minuti fino a quando il liquido non sarà evaporato.
4. Tagliare l'ananas su un tagliere con un grande coltello da cucina a pezzetti.

Impasto
5. Sciogliere quattro cucchiai di burro in una ciotola di vetro nel microonde fino a quando non si scioglie (circa un minuto). Unire lo zucchero, le uova e il latte e mescolare bene.
6. Mettere la farina in una ciotola capiente di un'impastatrice munita di gancio per impastare. Incorporate prima il sale e poi il lievito nella farina di frumento. Azionare la planetaria e,

poco alla volta, aggiungere il composto di uova per ottenere un impasto compatto.

7. Quando si sarà formato un impasto morbido, togliere la ciotola dall'impastatrice e metterla in un sacchetto di plastica. Lasciare o far lievitare da 1 a 1-1/2 ore.

Riempimento

8. Mettere l'uvetta in uno scolapasta e sciacquare sotto l'acqua fredda corrente.
9. Metti l'uvetta in una ciotolina, versaci sopra l'acqua bollente e lasciala in ammollo per circa 15 minuti.
10. Scolate l'uvetta e asciugatela con carta assorbente. Mescolare con l'ananas stufato, l'uvetta e le mandorle.
11. Mescolare lo zucchero e la cannella in una ciotolina e mettere da parte.

Assemblare

12. Prepara una teglia da 10 × 8 pollici o una teglia di dimensioni simili. Ricoprire con burro fuso.

13. Cospargere un sottile strato di farina sul piano di lavoro, adagiarvi sopra l'impasto e cospargere un po' di farina sull'impasto. Stendete la pasta con il mattarello in un rettangolo di circa 10×18 pollici.

14. Spennellare l'impasto con un abbondante strato di burro e cospargerlo con il composto di zucchero e cannella, a circa un centimetro dai bordi. Spalmate il ripieno sull'impasto. Stendete la pasta partendo dal lato piccolo.

15. Tagliare l'impasto a fette (strisce) di circa un pollice. Metti le fette nella teglia. Spennellare la superficie con un pennello con il burro rimasto. Metti la teglia leggermente sopra il centro del forno.

16. Cuocere per circa 25 minuti.

86. Fiskekaker (Torte Di Pesce, Norvegia)

Ingredienti:
- Filetto da 1 libbra di eglefino, merluzzo o altro pesce bianco
- 1 uovo
- 1 tazza di latte
- 2 cucchiai di fecola di patate
- Un pizzico di noce moscata
- Sale e pepe bianco a piacere
- Erba cipollina fresca tritata
- Burro per friggere

Indicazioni:

1. Tagliare i filetti a pezzetti e metterli nella ciotola di un robot da cucina. Aggiungere la farina, l'uovo, il sale, il pepe e la noce moscata. Lavorare fino a che liscio. Aggiungere il latte gradualmente durante la lavorazione. Aggiungere l'erba cipollina tritata.
2. Utilizzando un cucchiaio grande, formare delle torte dalla pastella.
3. Scaldare diversi cucchiai di burro in una padella pesante. Friggere ogni torta di pesce nel burro su entrambi i

lati fino a doratura. Lasciar raffreddare. Servire tiepido o freddo.

4. Può essere servito come pasto con verdure al vapore, patate lesse e burro rosolato.

5. Ne fa sei.

87. Kaiserschmarrn (gnocchi, Austria)

Ingredienti:

- 3 uova, separate
- 1/4 tazza di farina
- 1 cucchiaino di zucchero
- 1/2 cucchiaino di estratto di vaniglia
- 1/2 cucchiaino di sale
- 4 once di latte
- 1/4 tazza di burro
- 1/4 di tazza di uvetta

Indicazioni:

1. Separare le uova in due ciotole. Sbattere i tuorli d'uovo fino a che liscio. Unire la farina, lo zucchero, l'estratto di vaniglia, il sale e il latte e formare una pastella.
2. Montare gli albumi a neve. Incorporate delicatamente gli albumi alla pastella.
3. Sciogliere il burro in una padella e versarlo nella pastella.

4. Cospargere un po' di uvetta sulla pastella e farla rosolare a fuoco basso.

5. Quando è pronta, togliere la "frittata" dalla padella e tagliarla in sei pezzi più piccoli. Scaldare altro burro nella padella, aggiungere i sei pezzi e friggere fino a doratura.

6. Togliere il Kaiserschmarrn dalla padella e servire con zucchero a velo e salsa di mele o Zwetschkenröster (salsa di prugne).

7. Ne fa sei.

88. Karantita Algerienne (Algeria)

Ingredienti:

- 1-1/2 tazze di acqua filtrata
- 3-4 cucchiai di olio extravergine di oliva o burro chiarificato, divisi
- 2 cucchiai di rosmarino fresco, tritato
- 1 cucchiaino di sommacco secco
- 2 cucchiaini di sale
- 1/4 cucchiaino di pepe nero
- 3/4 cucchiaino di peperoncino chipotle affumicato

Indicazioni:

1. Mettere a bagno la farina di ceci per una notte. In una ciotola, aggiungi 2 tazze di farina di ceci, 1-1/2 tazze di acqua filtrata e due cucchiai di aceto di mele crudo. Sbatti insieme fino a quando non ci sono grumi. Coprire e lasciare la pastella per una notte sul bancone.
2. Aggiungi 1 cucchiaio di olio extravergine di oliva o burro chiarificato, 2 cucchiai di rosmarino fresco tritato finemente, 1 cucchiaino

di sommacco essiccato, 2 cucchiaini di sale non raffinato, 1/4 di cucchiaino di pepe nero e, se vuoi un po' di calcio, 3/4 di cucchiaino di peperoncino in polvere.

3. Oliare la padella. Aggiungi due o tre cucchiai di olio extravergine di oliva o burro chiarificato in una padella in ghisa o antiaderente da 12 o 14 pollici, assicurati che il fondo e i lati siano oliati, quindi versa la pastella di ceci speziati.

4. Cuocete la karantita. Accendi il fuoco a fuoco medio e dopo tre o quattro minuti noterai la formazione di bolle. Mantieni il fuoco a un livello medio-basso e copri se schizza (non dovrebbe schizzare molto, se lo è, devi abbassare il fuoco).

5. Cuocere da un lato per sette-otto minuti o fino a quando il fondo non si è indurito e ha iniziato a diventare dorato (sollevare un po' per controllare).

6. Una volta che un lato è cotto, girate la karantita dall'altro lato con una spatola larga e piatta. Aggiungi altro olio se sembra asciutto.
7. Cuocere per altri sette-otto minuti o fino a quando anche quel lato non sarà dorato. Spegnere il fuoco e preparare i condimenti desiderati come l'harissa o le verdure saltate mentre la crosta si raffredda un po'.

89. Kremówka Papieska (Polonia)

Ingredienti:

Crema pasticcera
- 2 tazze di latte intero
- 1/2 cucchiaino di estratto di vaniglia
- Un pizzico di sale
- 6 tuorli d'uovo, sbattuti
- 3/4 tazza di zucchero
- 1/3 tazze di farina
- Zucchero dei pasticceri
- Panna montata (facoltativa)

Indicazioni:
1. Preriscaldare il forno a 200°C/400°F
2. Stendete leggermente ogni pezzo di pasta sfoglia e incidete leggermente ogni sfoglia in nove sezioni.
3. Disporre ogni foglio tra due fogli di carta da forno, adagiarlo su una griglia da cucina e posizionare un'altra griglia di raffreddamento capovolta sopra il pezzo superiore di carta da forno.
4. Metti la pasta sfoglia in forno. Dopo 15 minuti, rimuovere la griglia di

raffreddamento superiore e lo strato superiore di carta da forno. Cuocete per altri 15 minuti fino a quando la pasta sfoglia non sarà dorata.

5. Sfornare, togliere il secondo strato di carta da forno e far raffreddare completamente.

6. In una casseruola media, portare a ebollizione il latte, la vaniglia, il sale, i tuorli, lo zucchero e la farina a fuoco medio, mescolando continuamente con una frusta a filo. Abbassate leggermente il fuoco e continuate a bollire per un minuto, mescolando continuamente con un cucchiaio di legno.

7. Togliere la padella dal fuoco e immergerla in un bagno di acqua ghiacciata per farla raffreddare.

8. Refrigerare la crema pasticcera. Quando sarà fredda, spalmate la crema pasticcera in modo denso sullo strato inferiore di pasta, quindi ricoprite con il secondo strato cotto.

9. Spolverizzate con zucchero a velo. Tagliare e servire, con panna montata a piacere.

10. Serve nove.

90. Pane in padella (Israele)

Ingredienti:

- 3-1/2 tazze di farina per pane
- 1 oncia di lievito fresco
- 1 cucchiaio raso di sale
- 1/2 cucchiaio di zucchero
- 3 tazze di acqua tiepida
- 3 fette di pane bianco
- Olio per friggere

Indicazioni:

1. Mettere la farina, il lievito, il sale e lo zucchero in una ciotola profonda e mescolare con tre tazze d'acqua per formare una pastella.
2. Immergere le fette di pane in acqua per qualche minuto, quindi strizzarle e frullarle. Aggiungere alla pastella e mescolare bene, meglio se fatto a mano!
3. Coprite la ciotola e lasciate a temperatura ambiente per almeno due ore in modo che la pastella raddoppi di volume.

4. Scaldare una padella antiaderente e un filo d'olio. Pulisci l'olio in eccesso con un tovagliolo di carta: non sarà necessario altro durante la frittura. Versare un po' di pastella nella padella. Friggere a fuoco medio fino a quando la parte superiore non si riempie di bolle e il fondo diventa marrone. Non friggere l'altro lato.

5. La padella deve essere raffreddata tra un giro e l'altro, in modo che il fondo del lahoukh rimanga liscio, senza bolle. Tienilo a testa in giù sotto il rubinetto freddo.

6. Servire con pomodoro e coriandolo frullati e condimento caldo.

7. ne fa circa 20.

91. Budino al latte (Libano)

Ingredienti:

- 3 tazze di latte
- 3 cucchiai colmi di amido di mais o riso macinato
- 1/2 tazza di zucchero
- 1/4 di cucchiaino scarso di mastice macinato (opzionale)
- 1-1/2 cucchiaini di acqua di fiori d'arancio
- 1-1/2 cucchiaini di acqua di rose
- 1/2 tazza di mandorle tostate o pistacchi a scaglie

Indicazioni:

1. In una casseruola mettete il latte e l'amido di mais (o il riso macinato). Mettere su fuoco alto e portare a bollore, mescolando continuamente.
2. Ridurre il fuoco al minimo, aggiungere lo zucchero e continuare a mescolare per altri cinque o sette minuti o finché il liquido non si sarà addensato.
3. Aggiungere il fiore d'arancio e l'acqua di rose e cuocere a fuoco

lento, sempre mescolando, per un altro paio di minuti.

4. Togliete dal fuoco, versate in una ciotola capiente poco profonda o in quattro singole, a seconda di come volete servirla, e lasciate raffreddare prima di guarnire con mandorle o pistacchi.

5. Servire freddo.
6. Serve quattro.

92. Budino di riso (Egitto)

Ingredienti:

- 1 tazza di riso egiziano (simile al riso Arborio o sushi)
- 2 tazze di acqua filtrata
- 1/2 tazza di zucchero
- 1 cucchiaino di cannella
- 1 cucchiaino di estratto di vaniglia
- 1/2 tazza di uvetta
- 4 tazze di latte intero
- Pizzico di sale
- 1/2 cucchiaino di acqua di rose (facoltativo)
- Una manciata di pistacchi pelati non salati (facoltativi)

Indicazioni:

1. Sciacquare il riso sotto l'acqua corrente finché l'acqua non sarà limpida. Scolare e aggiungere in pentola e coprire con due tazze di acqua filtrata e un pizzico di sale.

2. Portare a bollore e poi abbassare la fiamma al minimo. Cuocete per 20 minuti e sgranate con una forchetta.
3. Aggiungere lo zucchero, la cannella e l'acqua di rose (se lo si desidera) al riso e mescolare bene.
4. Aggiungere quattro tazze di latte intero e mescolare per incorporare. Alzate la fiamma a fuoco medio e continuate a mescolare finché lo zucchero non si sarà sciolto e il riso e il latte non saranno ben incorporati. Il composto inizierà ad addensarsi dopo circa 15 minuti di mescolamento.
5. Aggiungere l'estratto di vaniglia e l'uvetta nel composto e mescolare ancora.
6. Servire tiepido o freddo, con pistacchi non salati tritati, a piacere.//
7. Serve da quattro a sei.

93. Vetkoek (torte all'olio, Sud Africa)

Ingredienti:

- 4 tazze di (pane) farina
- 1 cucchiaio di lievito secco
- 2 cucchiai di zucchero
- 2 cucchiaini di sale
- 2-1/4 tazza di latte (burro) o acqua
- 8 tazze di olio di semi di girasole per friggere

Indicazioni:

1. Metti la farina, il lievito e lo zucchero in una grande ciotola (di plastica) e mescola con un cucchiaio di legno.
2. Aggiungere il sale e, mescolando lentamente, aggiungere il latte o l'acqua, mescolare fino a ottenere una pastella densa. Coprire con plastica o un canovaccio umido (pulito). Lasciar lievitare da 1 a 1-1/2 ora in un luogo caldo oa temperatura ambiente per 2-2-1/2 ore.
3. Mettere l'olio in una pentola capiente dal fondo spesso. Scaldare l'olio a fuoco vivo a ca. 375°F.

4. Immergete due cucchiai nell'olio bollente. Usa un cucchiaio per prelevare un cucchiaio di impasto e l'altro per immergerlo nell'olio caldo. Ripetere il metodo. Assicurati che la pentola non diventi troppo affollata.

5. Abbassare il fuoco a medio; al termine, il vetkoek (marrone dorato) si rigirerà da solo. Altrimenti, e se dovesse rosolare, girate il vetkoek con una forchetta o un cucchiaio.

6. Vetkoek, delle dimensioni di una pallina da tennis, avrà bisogno di circa quattro minuti. Togliere i vetkoek dalla pentola con una schiumarola e adagiarli su un piatto ricoperto da uno strato di carta da cucina (la carta assorbe l'olio).

7. Se consumato freddo, si consiglia di utilizzare il latticello per preparare l'impasto perché il latte normale li renderà unti.

8. Fa 12-16.

94. Wonton di maiale macinato (China)

Ingredienti:

- Pezzo di zenzero da 2 once, sbucciato
- 1/4 di tazza d'acqua
- 16 once di carne di maiale macinata, idealmente con circa il 30% di grasso
- 1 uovo, sbattuto
- 1 cucchiaio di olio di sesamo
- 1 cucchiaino di vino di riso o sherry secco
- 3/4 cucchiaino di sale
- 1/4 cucchiaino di pepe bianco
- 3 cucchiai di brodo di pollo o maiale
- 100 involucri wonton acquistati in negozio

Indicazioni:

1. Schiaccia molto bene il pezzo di zenzero per insaporire e lascialo a bagno in 1/4 di tazza d'acqua.
2. Mescolare la carne di maiale macinata con l'acqua di ammollo dello zenzero, l'uovo sbattuto, l'olio di sesamo, il vino di riso, il sale e il pepe bianco. Aggiungere il brodo di pollo o di

maiale, mezzo cucchiaino alla volta per aggiungere umidità al composto.

3. Con un involucro di wonton adagiato su una mano, farcire con circa 1/2 cucchiaio di ripieno. Chiudete piegando l'involucro a triangolo. Sigillare premendo delicatamente i due lati.

4. Prendi le due estremità del triangolo e piegalo fino a quando le punte si incontrano e si sovrappongono leggermente. Premere per legare le estremità.

5. Preparate una pentola capiente di acqua bollente.

6. Disporre delicatamente gli gnocchi, pochi alla volta, nell'acqua, senza addensarsi, e far bollire fino a quando il ripieno non sarà cotto (circa tre minuti).

7. Scolare e mettere sopra il condimento. Mescolare leggermente.

8. Se lo si desidera, guarnire con cipolle verdi tritate o coriandolo, oppure aglio crudo o zenzero tritati finemente.

95. Arepas (Torta di mais, Venezuela)

Ingredienti:
- 2 tazze di farina di mais istantanea (cottura rapida)
- 1 cucchiaino di sale
- 2 tazze di acqua calda
- 2 cucchiai di burro fuso
- Olio di oliva o di canola per friggere

Indicazioni:

1. Mettere la farina di mais in una ciotola, aggiungere l'acqua e il burro fuso e mescolare con un cucchiaio grande fino a quando non sarà ben amalgamato.
2. Formate circa 15 palline della stessa dimensione. Disporre le palline su carta oleata o su una superficie oleata (se appoggiate su una superficie non liscia si attaccheranno). Con una spatola, appiattisci ogni pallina in una torta densa di circa tre pollici di circonferenza.
3. Nel frattempo, scaldare uno o due cucchiai di olio in una padella capiente

a fuoco medio. Quando saranno tutte pronte, mettete nella padella tante arepas quante ne possono contenere.

4. Soffriggere le arepas fino a quando non diventano croccanti all'esterno su un lato. Capovolgere ciascuno e rosolare dall'altro lato. Fare attenzione a non bruciarli.

5. Cuocete tutte le arepas e tenetele da parte.

6. Al momento di farcire, dividere a metà orizzontalmente. Farcire con ripieno di formaggio, carne o verdure e mangiare caldo.

7. fa 15.

BEVANDE

96. Bevanda al mais (Haiti)

Ingredienti:

- 4 tazze d'acqua
- 2 bastoncini di cannella o 1/2 cucchiaino di cannella in polvere
- Anice 3 stelle
- 1 tazza di farina di mais
- 1 cucchiaino di estratto di vaniglia
- 2 (12 once) lattine di latte evaporato
- 1/4 tazza di zucchero
- Sale a piacere

Indicazioni:

1. Far bollire quattro tazze d'acqua in una padella profonda, aggiungere le spezie e il sale e cuocere fino a quando le spezie sono ben ammorbidite e l'acqua è fragrante.
2. Mescolare bene la farina di mais con una tazza di acqua fredda e un pizzico di sale.
3. Abbassare la fiamma e versare lentamente la miscela di acqua di mais nell'acqua bollente, mescolando

continuamente, fino a quando diventa densa e liscia.

4. Aggiungere l'estratto di vaniglia e una lattina di latte evaporato. Lascia raffreddare il composto.

5. Eliminare le spezie e aggiungere lo zucchero e il latte evaporato a piacere.

97. Ayran (bevanda allo yogurt, Turchia)

Ingredienti:
- 3 tazze di yogurt
- 3 tazze di acqua fredda
- 1 cucchiaino di sale

Indicazioni:

1. Mettere lo yogurt e il sale in una ciotola e mescolare fino a ottenere una crema, aggiungere l'acqua poco alla volta per amalgamare bene.
2. In alternativa, frullare tutto in un frullatore ad alta velocità fino a ottenere una schiuma.
3. Servire nei tumbler. Ad alcuni piace frizzante con un po' di acqua minerale frizzante.

98. Bevanda allo zenzero (Africa occidentale)

Ingredienti:

- 3 tazze di acqua bollente
- 1/2 tazza di radice di zenzero fresca sbucciata e grattugiata
- 1/2 tazza di nettare d'agave
- 1 cucchiaino di chiodi di garofano interi
- 2 bastoncini di cannella
- 1/4 tazza di succo di lime
- 4 tazze d'acqua

Indicazioni:

1. Metti lo zenzero, l'agave, i chiodi di garofano e la cannella in un contenitore. Versate acqua bollente sulle spezie e lasciate in infusione per almeno un'ora.
2. Aggiungere il succo di lime e l'acqua. Mescolate e lasciate riposare il composto per almeno un'altra ora. Filtrare l'infuso e conservare in frigorifero in un contenitore di vetro.
3. Serve da sei a otto.

99. Lassi (Yogurt dolce, India)

Ingredienti:

- 1 tazza di yogurt bianco
- 1/2 tazza di latte
- 1 tazza di mango tritato
- 2-4 cucchiaini di zucchero (a piacere)
- Un pizzico di cardamomo macinato (facoltativo)

Indicazioni:

1. Metti lo yogurt, lo zucchero, il mango e l'acqua nella ciotola di un frullatore o robot da cucina.

2. Lavorare fino a ottenere una crema. Cospargere di polvere di cardamomo sopra.

100. Vino caldo dall'Alsazia (Francia)

Ingredienti:

- 1 limone, sbucciato e conservato
- 2 arance, sbucciate e conservate
- 1 litro di vino rosso (Pinot Nero per esempio)
- 1 stecca di cannella
- 2 chiodi di garofano
- Pizzicare o 1/4 di cucchiaino di noce moscata grattugiata

Indicazioni:

1. Sbucciate l'arancia e il limone. Metti da parte la scorza.
2. Tagliate a cubetti l'arancia e il limone.
3. Mescolare il vino, lo zucchero, la cannella e le scorze in una padella profonda. Scaldare a fuoco basso per tre o cinque minuti. Aggiungere le spezie e scaldare a fuoco basso per 20 minuti.
4. Mettere in ogni bicchiere un po' di arance e limone tagliati a dadini. Versare il vino caldo attraverso un colino nei bicchieri e servire.

5. Serve da quattro a sei.

CONCLUSIONE

Il cibo è una parte assolutamente vitale dell'esperienza di viaggio. La chiave per comprendere la cultura e la storia di un luogo risiede spesso nella sua cucina. Mentre molti giramondo scelgono di farlo prenotando un tavolo in un famoso ristorante di trappole per turisti, crediamo che per trovare il miglior cibo in un posto nuovo, spesso si debba scendere in strada.

Non solo mangiare cibo da strada è un modo semplice ed economico per riempirsi lo stomaco, ma apre anche le porte a un intero mondo di assoluta prelibatezza. Dai carrelli in acciaio inossidabile alle bancarelle del mercato notturno dall'aspetto dubbioso ai chioschi e al retro delle biciclette, scoprirai spesso che la migliore cucina locale viene preparata da un locale per strada piuttosto che da una catena di grandi nomi o guidata da celebrità ristorante.

www.ingramcontent.com/pod-product-compliance
Lightning Source LLC
Chambersburg PA
CBHW071803080526
44589CB00012B/669